읽어야산다

삶을 바꾸는 실천 독서법

읽어야 산다

정회일 지음

생각정원

"겨울이 없다면 봄은 그리 즐겁지 않을 것이다.
고난을 맛보지 않으면 성공이 반갑지 않을 것이다."

— 앤 브레드 스트리트 —

책, 열다

지금 무슨 책을 읽으세요?

"당신의 평범한 일상이 누군가에겐 가슴 시리도록 부러운 기적일 수 있습니다."

2007년 한 방송에 출연해 했던 말이다. 더 이상 죽음을 불안해하지 않으며 하루하루를 살게 된 이후 가슴 벅차도록 일상에 감사하며 살던 때였다. 누군가의 평범한 일상이 내게는 언감생심이었던 시간이 있었다. 그 고비를 지나면서 아무 일 없는 이 하루가 가슴 벅차게 감사함을 깨달았다. 고통은 밟고 더 높은 곳으로 올라서라는 신의 선물임을 깨달았다. 지금부터 그 이야기를 시작하려 한다.

하루가 10년같이 느껴지던 때가 있었다. 눈 뜨고 숨 쉬고 밥 먹는 가장 기본적인 인간 행위조차 과분하던 시절. 봄같이 푸르러야 할 청춘기를 나는 죽을힘을 다해 아토피 증상과 스테로이드제 중독으로 인한 부작용을 견디며, 다른 한 편으로는 체념한 듯 죽음을 마주보며 지나왔다. 아무것도 할 수 없었다. 통증 때문에 꼼짝없이 집에만 누워 있어야 했고, 발열과 가려움증 때문에 30분을 잠들지 못했다. 한겨울에도 창문을 열어놓아야 했고 이불을 덮지 못했다. 견디다 못해 어머니를 붙들고 죽고 싶다는 말까지 뱉어버렸다. 나로 인해 어머니의 가슴에 박혔을 대못을 생각하면 죄송해서 얼굴을 못 들 지경이지만, 그때는 그런 생각조차 못했다.

그야말로 통증에 구속됐던 시간이었다. 가만히 누워 있기도 힘들었고 목숨을 연명하는 것조차 버거웠으니 무엇인가를 생각한다는 것은 사치였다. 주변의 만류에도 불구하고 7년 동안 복용한 스테로이드제를 중단했다. 서서히 복용량을 줄여갈 수도 있었지만 계속 복용하다가는 죽을지도 모른다는 두려움이 엄습해와 단번에 약을 끊었다. 이후 내가 겪은 비참한 삶은 본문에서 자세히 이야기하겠다.

다만 삶을 놓아버리고 싶을 만큼 고통스러운 시간을 겪고 난 후 몸으로 발견한 가르침은 버티는 것이 중요하다는 거다. 절망적인 순간을 벗어나 정신이 맑아진 뒤에 앞날을 도모해도 늦지 않다. 잘 알다시피 인생은 다른 사람과의 경쟁이 아니라 자기와의 싸움이기 때문에 시간은 크게 중요하지 않다. 자신의 나아갈 방향을 잘 알고 묵묵히 그러나 치열하게 전진하는 일이 더 중요하다고 믿는다.

"회일아, 잘 버텼다. 수고했다."

30대가 되고 나서 20대의 나를 돌아보며 스스로에게 해주고 싶은 말이다. 10대 초반에는 성적이 조금 뛰어나고 노력하지 않아도 인기가 있는 편이어서 무턱대고 내가 무척 잘난 줄 알았다. 몇 차례 어려운 일이 있었지만 있는 그대로 받아들이고 인정했다. 내 생각이, 일상이, 삶이 서서히 달라지기 시작했다. 나를 온전히 받아들이고 나니 '더 이상 잃을 것도 없는데 못할 게 뭐야'라는 오기 아닌 오기가 발동했다. 잘하는 게 중요한 게 아니었다. 못하면 하나씩 익히면 되는 거였다. 모르면 하나씩 알아가면 되는 거였다. 모자라면 조금씩 채워가면 되는 거였다. 이렇게 이해하고 나니 마음이 편안해졌다.

다만 주의할 점은 다른 사람들과 비교하지 말고 자기에게 맞는 속도대로 나아가는 거다. 세상에서 가장 힘든 싸움은 자기와의 싸움이다. 부디 내 인생에 무릎 꿇지 말기를 바란다. 스스로 자기 자신을 포기하지 말기를 바란다. 내가 나를 내려놓지 않으면 언제가 됐든 웃을 날이 온다. 오직 버티고 기다린 자에게만 허락되는 선물이랄까.

솔직히 말하자면 나도 과거와 아직 제대로 화해하지 못했다. 지난 일을 이야기할 때마다 당시 기억이 떠올라 힘들다. 머리로는 이해했지만 몸은 여전히 통증의 기억과 감각을 지워내지 못한 듯하다. 맨몸으로 경험한 일이기 때문에 아무렇지 않게 될 수는 없겠지만 기억을 더듬는 동안 가슴이 뻐근해지지 않기까지는 시간이 더 걸릴 게 분명하다.

하지만 서두르지 않으려 한다. 버티고 견디고 기다리는 일, 다른 것이라면 몰라도 이것만큼은 내가 누구보다 잘할 수 있지 않은가. 무엇보다 무작정 시간을 보내는 게 아니라 책을 읽으며 앎을 채우며 삶을 가꾸며 기다릴 테니 두렵지 않다.

그리고 이 책이 과거의 나와 화해하는 첫 걸음이 될 것이다. 마음에 떠오르는 막막한 불안, 숱한 물음들의 답을 찾아 닥치는 대로 읽고 실천했던 책들이 없었다면 오늘을 기약하기 힘들었다. 나의 존재를 가능케 한 책들을 소개하고 싶다. 내게 깊은 인상과 영감을 준 고마운 책들을 자랑하고 싶다.

물론 같은 책을 읽더라도 보는 사람마다 느끼는 감동의 크기, 깨달음의 정도는 다를 수 있다. 하지만 내가 경험한 바에 따르면 읽으면 읽을수록 이해의 폭이 넓어지고 마음이 열리면서 책에서 배우는 지혜의 크기도 커졌다. 세상에 외면당해 마땅한 책은 단 한 권도 없었다. 책의 가치를 알아보는 것도 읽는 이의 역량이고 인격이라 생각한다.

◆ ◆ ◆

"안녕하세요. 정회일입니다."

처음 만나는 사람에게 환하게 웃으며 인사할 수 있다는 건 얼마나 큰 행복인가! 불과 몇 해 전만 해도 내 얼굴에서 미소를 찾아보기 힘들었다. 어려서는 늘 방긋방긋 웃고 다녔던 나지만 지독한 투병기를 지나면서 외모가 바뀌고, 가슴에 불만과 증오가 쌓이고, 나도 모르는 사이 웃는 법마저 잃고 말았다. 웃음이 사라지면 행복도 사라진다는 것을 그때 알았다.

내 얼굴에 웃음이 자연스러워지기 시작한 게 언제부터인지는 정확하게 기억하지 못한다. 다만 있는 그대로의 나를 인정하고, 다른 사람이 아닌 오직 나만 잘할 수 있는 일, 나아가 내가 즐기면서도 의미 있는 일을 발견한 뒤부터인 것 같다. 꿈이 없던 삶에 한 줄기 찬란한 빛처럼 내린 목표는 내게 도전 의지를 부추겼고 자신감을 안겨주었으며 인생 전반을 바꿔놓았다. 그 한가운데 책과의 운명적인 만남이 있었다.

"혹시 책 좋아하세요? 지금 무슨 책을 읽으세요?"

만나는 사람마다에게 묻고 싶어 입이 근질거린다. 한 사람을 알기 위해서는 대화를 나누면서 그의 생각을 엿보거나 그의 가까운 친구들을 살펴보는 등 여러 가지 방법이 있겠지만 나는 그 사람이 읽는 책을 알아본다. 무슨 책을 읽는지, 어떻게 읽는지 등이 가장 궁금하다. 왜냐하면 지금 그 사람이 읽는 책이 바로 그의 미래임을 알기 때문이다.

실제로 지금의 나는 그동안 내가 읽은 책들로 만들어졌다. 《갈매기의 꿈》의 조나단을 보고 흔들림 없는 도전 의지를 배웠다. 《지선아 사랑해》는 외모 콤플렉스 때문에 방송 출연을 주저하던 내게 당당하게 세상과 맞서도록 부추겼다. 《꽃으로도 때리지 말라》를 통해 나보다 훨씬 고통받는 사람들의 현실을 목격하고 나누는 삶을 실천하게 됐다. 《거인이 보낸 편지》를 읽고 영어학원을 차려야 하나 말아야 하나 오랫동안 거듭했던 고민에 과감하게 종지부를 찍었다. 톨스토이의 《사람은 무엇으로 사는가》를 통해 사람을 살게 하는 가장 위대한 힘은 '사랑'임을 이해하고 나눔, 섬김의 삶을 더욱 실천하려 노력했다.

　책을 읽지 않았다면, 책을 통해 얻은 깨달음을 실천하지 않았다면 내 삶은 예전 그대로 끝없는 절망 속에서 허우적거렸을지 모른다. 책은 암울한 청춘기를 지나던 내 머리를 세게 가격해 정신을 차리게 했고, 절망에 흠뻑 젖어 있던 몸을 일으켜 세워 밖으로 빠져나오도록 끌어주었으며, 지쳐 힘들어할 때마다 조언과 위로를 적절히 안배해 포기하지 않도록 북돋았다. 책을 빼놓고는 내 삶을 이야기할 수 없다.

　《독서 천재가 된 홍대리》를 출간한 뒤 참 많은 사람들을 만났다. 가장 많이 받은 질문이 "대학졸업장이나 자격증도 없이 어떻게 영어학원장이 됐어요?" "소심했다면서 어떻게 6개월 독학했을 뿐인데 영어를 가르치겠다는 생각을 할 수 있었어요?" "회일 씨처럼 성공하려면 어떻게 책을 읽어야 해요?" 등이었다. 여기에 대한 답변을 정리해야겠다고 생각했다. 《읽어야 산다》가 질문들에 대한 대답이 됐으면 좋겠다.

　본문에서 자세히 이야기하겠지만 간단히 핵심만 말하자면, 지금 읽는 책이 당신의 미래다! 책을 제대로 읽어본 사람이라면 '책 속에 길이 있다' '사람은 책을 만들고, 책은 사람을 만든다' 같은 말이 틀리지 않다는 것을 이해할 것이다. 여러 자리에서 자주 말했지만, 책은 마음의 거울이다. 책은 글자를 보기 위해 읽는 게 아니다. 책에 비친 나를 보기 위해 읽는 것이다. 책을 통해 나의 현재를 깨닫고 미래를 계획해 깨달은 바를 무조건 실천하기 위해 노력해야 한다.

　독서란 무엇일까? 누구나 자기만의 정의를 갖고 있겠지만, 나에게 독서는 연애다. 모르면 전혀 관심도 없지만 한번 매력을 알고 나면 외면할 수 없다. 알면 알수록 빠져들며, 삶의 희로애락을 모두 경험하면서 나도 몰랐던 내 모습을 발견하고, 뜨거운 연애는 결국 내 삶을 송두리째 바꿔놓기 때문이다. 그리고 연애는 머리로만 할 수 없다. 가슴으로 온몸으로 움직여야 더 뜨거워진다. 책 읽기도 마찬가지다. 행동 없이 변화를 기대하지 말자. 실천 없이 성공을 기대하지 말자. 오직 읽고 고민하고 행동하자. 당신의 독서가 더 뜨거워지기를 응원한다.

　이제 숨을 골라야겠다. 최선을 다해 진지하고 성실하게 내 과거를 회고하고 현재를 정리한 이 기록이, 죽을 고비를 넘기고 우연히 발견한 가능성을 향해 달려가는 오늘의 내 삶이 미미하나마 누군가에게 도움이 될 수 있다면 더없이 감사하겠다.

차례

◆ 책, 열다 — 지금 무슨 책을 읽으세요? · 005

My Story
잃다 읽다 일다

얼굴 빨개지는 소년 · 017
고개 떨구는 아이 : 사나이답게 씩씩 튼튼! : 안산에서 보낸 두 달 : 아토피 전문 피부과를 방문하다

꿈꾸지 않는 삶 · 027
설마 반에서 39등? : 유전공학자, 멋지지 않을까 : 소심하거나 건방지거나 : 노래만 불렀지

차라리 죽는 게 낫지 않을까 · 039
스테로이드제와의 전쟁 : 죽느냐 사느냐 이것이 문제로다 : 오직 버틸 뿐 기다릴 뿐

4년 만의 외출 · 052
달라도 너무 다른 남매 : 최고의 선물 : 《신약성서》와 짝사랑 : 독서는 남자의 품격

멘토를 만나다 · 068
두렵지 않다면 무엇을 하겠는가 : 저자는 어떤 사람일까 : 최초의 멘토 : 삶을 바꾼 만남

왕초보 영어 강사의 탄생 · 083
칭찬은 나의 힘 : 좌충우돌 원서 읽기 : 왕초보만 모십니다 : 내가 가면 길이 된다

우리들의 행복한 시간 · 099
양심에 묻다 : 나를 위한 선물 : 내가 사는 이유

Book Story
지금 읽는 책이 나의 미래다

나는 누구인가 ··· 115
소심하고 못난 놈 : 배우고 발견하고 자유로워질 이유 : 간절함이 답이다 : 죽기 전에 꼭 해야 할 단 한 가지
| 책대로 산다 1 | 행복하고 싶다면, 나부터 바로 알자

왜 하필 나일까 ··· 129
명랑한 지선 씨 : 직설은 힘이 세다 : 절망보다 희망을, 포기보다 용기를
| 책대로 산다 2 | 시련의 크기는 내가 극복할 수 있는 딱 그만큼

가슴 뛰는 삶을 바라는가 ··· 142
그만두고 싶을 때 딱 한 걸음만 더 : 도전이냐 포기냐 : 삶의 주인이 돼라
| 책대로 산다 3 | 탐험하라 꿈꾸라 발견하라

왜 사는가, 왜 읽는가 ··· 155
'느긋한 독자'의 질문하는 독서 : 책 읽기의 이로움 : 우물을 빠져나오는 책 읽기
| 책대로 산다 4 | 읽지 않는 자, 유죄

괜찮다고 말해줄래 ·· 168
재산 목록 1호, 힐링 수첩 : 칭찬은 내 인생의 비타민 : 성장통 없는 인생은 없다
| 책대로 산다 5 | 고통이라 쓰고 선물이라 읽는다

지금 사랑하며 사는가 ·· 184
인생에 대한 세 가지 질문 : 내 영혼의 건강식 : 《신약성서》 7독 후 남은 것들
| 책대로 산다 6 | 목숨을 다해 사랑하라

조화로운 삶이란 무엇인가 · 195
관계의 영원한 고전 : 습관을 바꾼다는 것

| 책대로 산다 7 | 그 섬에 가고 싶다

가난하다고 꿈조차 가난할까 · 208
부富란 무엇인가 : 25년 후의 나를 만나라 : 346만 달러짜리 점심식사

| 책대로 산다 8 | 삶에 대해 "예"라고 말하는 것

Reading Story
삶을 바꾸는 실천 독서법

진정 알고 있을까 · 223
유일무이한 나를 찾아서 : 보다 vs 알다 : 우물 안 개구리

성장하는 책 읽기 5단계 · 232
평가하는 책 읽기 : 보는 책 읽기 : 지식을 얻는 책 읽기 : 실천하는 책 읽기 : 창조적 책 읽기

THX 독서법 · 240
우물 탈출 프로젝트 : 1단계 T자형 만들기 : 내가 성장하는 책 읽기

책 읽는 습관 · 248
책은 마음의 거울 : 아침 독서와 저녁 독서의 효과 : 나눠 읽기와 갈아타기 : 저자가 직접 책을 읽어준다? : 암기의 재발견 : 다시 읽기와 넘어서기 : 독서 토론 체험

◆ 책, 닫다 — 읽어야 산다 · 264

My Story

잃다 읽다 일다

내가 겪은 고통은 비록 과정이 힘들었지만
무엇과도 바꿀 수 없는 값진 경험이었다.
그 시간을 지나왔기에 소소한 일상에도
눈물겹게 감사할 수 있으니 말이다.
내게 고통은 밟고 더 높은 곳으로 올라서라는
신의 선물이었을지 모르겠다는 생각을 그때 처음 해보았다.

얼굴 빨개지는 소년

"우리는 생각을 한다. 그러면 그렇게 되어간다."
— 웨인 다이어 —

"회일아, 너 핑크 팬더 같아. 귀여워."

아토피 증상 때문에 얼굴과 피부가 붉은 나에게 '핑크 팬더'라는 별명을 붙여준 한의사 형이 있었다. 내색하지 않았지만 그 별명이 꽤 마음에 들었다. 그전까지 나는 붉은 피부가 부끄러워 어떻게든 숨기려고만 했는데, 그의 말을 듣고 난 뒤로는 왠지 모를 자신감이 생겼다.

'사람들이 나를 이상하게 보지 않을까.'

늘 불편해하며 잔뜩 긴장한 채 사람들을 만나고, 괴로워하며 나를 드러내던 일이 차츰 편안해졌다.

고개 떨구는 아이

사실 아토피 증세가 심하기 전에도 나는 얼굴을 잘 붉히는 편이었다. 어려서부터 부끄러움을 많이 타는 성격 탓에 늘 소심했고, 있는 듯 없는 듯 조용히 지냈다. 조금이라도 긴장하거나 창피해지면 금세 얼굴이 달아올랐다. 갖고 싶은 게 있어도 분명하게 요구하지 못했고, 내가 먼저 하겠다며 솔선수범하는 일도 없었다.

엄마는 그런 내 성격을 못마땅하게 여겨 자주 혼을 냈다. 그래서 나는 명절이 너무 싫었다. 1년에 한 번 볼까 말까 한 친척들을 만나 인사하고 어색하게 지내야 하는 것도 불편했지만 무엇보다 엄마의 핀잔 때문에 스트레스를 받았다.

"큰아버지, 큰어머니를 뵈면 큰 소리로 인사하고, 사촌들과도 잘 어울려야 한다."

엄마는 큰집으로 향하는 차 안에서 반복해서 다짐을 줬다. 하지만 소심했던 어린 소년에게는 무리한 요구였다. 큰집에 도착하기 전부터 이미 나는 긴장하고 불안해졌다.

한 번은 큰어머니가 만든 식혜가 먹고 싶었던 나는 다른 일로 바쁜 엄마의 소맷자락을 잡아끌며 기어들어가는 목소리로 "엄마, 식혜 먹고 싶어"라고 말했다. 엄마는 귀찮아하며 아무 말 없이 식혜를 떠주었지만 집으로 돌아오자마자 어김없이 혼을 냈다.

"큰엄마한테 가서 '저도 식혜 주세요'라고 큰소리로 말하는 게 그리 어려워? 엄마 바쁜 줄 빤히 알면서 자꾸 그럴 거야? 언제까지 엄마한테 다 해달라고 할래?"

엄마의 꾸지람은 금방 끝나지 않았다. 나는 아무 말도 못하고 고개를 푹 숙인 채 가만히 들을 수밖에 없었다.

"성격도 노력하면 얼마든지 바꿀 수 있어. 네가 노력을 안 하잖아. 싫으면 싫다, 좋으면 좋다. 원하는 게 있으면 주세요, 하고 싶어요, 이렇게 분명하게 말을 해야지 기어들어가는 소리로 엄마만 쳐다보면 되겠어? 언제까지 그럴 거야?"

엄마는 큰아들인 내게 기대가 컸다. 열심히 노력하지 않았지만 공부를 제법 하는 편이었고, 노래를 썩 잘 불러 초등학생 때는 합창단의 솔로를 맡기도 했다. 아버지의 사업 때문에 자주 이사를 다녀야 했고 가정 살림이 차츰 어려워졌지만 엄마는 상황이야 어찌됐든 교육 문제에만큼은 완강했다. 물론 나는 엄마의 기대에 늘 못 미쳤지만 말이다.

학창 시절 나는 성격도 소심했지만 행동도 굼뜨고 말투도 느리며 목소리도 작았다. 행동반경도 좁고, 반응도 느린 나를 엄마는 늘 못마땅해 했다. 지금은 아니지만 밥 먹는 속도도 많이 느렸다. 점심시간 50분 내에 도시락을 다 먹지 못했다. 서둘러 밥을 먹고 운동장으로 나가 뛰어노는 아이들과 달리 나는 늘 교실에 혼자 남아 느릿느릿 도시락을 먹었다.

내 기억 속 아버지의 초상은 내가 만난 최고의 사나이였다.
아버지의 사전에 싫은 것, 두려운 것, 심각한 것 따위는 없어 보였다.

사나이답게 씩씩 튼튼!
⋮

엄마와 나 사이에 감도는 긴장감을 풀어주는 역할은 아버지가 담당했다. 밥을 먹기 싫어해 작고 왜소했던 내게 아버지는 주먹을 꽉 쥔 팔을 들어 구호처럼 "씩씩 튼튼!"을 외쳤다. 공부해라, 노력해라 같은 요구를 한 적이 단 한 번도 없다.

아버지의 구호가 주문이 됐던지 나는 체구는 작았지만 힘이 센 편이어서 축구, 레슬링 등 격한 운동을 좋아했다. 해방감이랄까, 한바탕 뛰고 나면 기분이 상쾌해지는 것이 좋았다. 소심한 성격 탓에 나도 모르는 사이 쌓인 스트레스를 거친 운동으로 풀었던 듯하다.

어린 시절 내 기억 속의 아버지는 언제나 호탕하고 진취적이셨다. 저녁에 아버지가 귀가하면 우리 집에는 웃음이 끊이질 않았다. 소심했던 나에게 짓궂은 장난도 잘 치셨고, 별일 아닌 일에도 집이 떠나갈 듯이 크게 웃었다. 웃음은 전염성이 강해 아버지가 웃기 시작하면 식구들이 다 같이 따라 웃었다.

아버지의 사전에는 싫은 것, 두려운 것, 심각한 것 따위란 없어 보였다. 젊어서 사업에 실패하던 때만 해도 언제든 재기할 수 있다는 자신감으로 충만했다. 한 번 실패할 때마다 이사를 해야 했고, 날이 갈수록 집의 규모가 줄었지만 아버지는 쉽사리 포기하지 않았다.

밥 먹기를 귀찮아하고 싫어했던 나와 달리 아버지는 먹는 것을 매우 좋아해서 밥을 많이 드셨고 간식도 자주 드셨다. 그런 아버지를 보고 있노라면 절로 기분이 좋아지고 어깨가 활짝 펴졌다. 물론 벌이는 사업마다 실패하자 강건했던 아버지도 나중에는 많이 약해졌다. 그럼에도 내가 힘들어할 때마다 내 편에서 한결같이 위로하고 응원해주신 분은 아버지다.

"회일아, 조금만 힘내자. 곧 괜찮아질 거야."

내가 아토피 때문에 고통스러워할 때마다 등을 다독이며 나지막이 들려주시던 진심어린 아버지의 한마디가 그 어떤 명약보다 효과적이었다. 완치를 확신하던 의사의 처방보다 아버지의 다정한 한마디가 훨씬 믿음직했다. 내 기억 속 아버지의 초상은 내가 만난 최고의 사나이였다.

지금 돌아보면 아버지가 속으로 얼마나 외롭게 아파했을지 감히 상상조차 안 된다. 가족들에게 미안한 나머지 마음 편하게 힘들어하는 내색도 못하고 얼마나 속울음을 삼키셨을까.

안산에서 보낸 두 달

나도 어려서는 피부가 뽀얗고 항상 웃는 표정이었다. 나를 잘 모르는 사람들은 소심한 내 성격을 "사내아이가 산만하지도 않고 어쩌면 이렇게 순할 수가 있어요"라고 오해했다. 성적도 우수하고 성격도 온순한데다 집안도 적당히 부유했던 탓에 주변 사람들에게 예쁨을 받았다.

두 살 아래 여동생이 있는데 어려서는 함께 있으면 "딸보다 아들이 훨씬 예쁘네"라는 말을 종종 들었을 정도다. 굳이 노력하지 않아도 주변에 사람들이 모여들었다. 친구들도 선생님들도 모두 내게 호의적이었다. 그야말로 유복하고 평화롭던 시절이었다.

아버지의 사업 실패로 초등 고학년 때 이사를 세 차례나 했다. 마포동에서 성산동으로 이사를 했다가 6학년 3월에는 안산으로까지 내려갔다. 당시 안산은 개발이 이뤄지지 않은 시골이었다. 태어난 뒤로 서울만 봤던 나는 그때 처음 시골을 경험했다. 안산의 아이들도 '서울서 전학 온 아이'를 처음 '구경'하는지 나를 신기하게 여겼다. 선생님도 반 아이들도 '곱상한 외모'에 피부가 뽀얗던 내게 매우 호의적이었다.

전학 간 반에 당시 교내에서 키가 가장 큰 남자아이가 있었다. 그는 교실의 맨 뒷자리에 앉아 무서운 분위기를 조성하고 걸핏하면 아이들에게 시비를 걸거나 폭력을 행사했다. 아이들이 모두 그를 두려워하고 피했다.

하루는 보다 못한 담임선생님이 반 전체를 운동장으로 불러냈다. 나름의 해결책이라며 하는 말이 "선생님이 보는 앞에서 정정당당하게 승부를 겨뤄봐라"는 것이었다. 하지만 싸움의 룰은 1대 전체! 그간 피해를 당한 학생 전부 달려들어 가해학생 하나와 싸우라는 말이었다. 물론 한 명씩.

안타깝게도 싸움의 결말이 어떻게 났는지 기억나지 않는다. 하지만 맨 뒷좌석의 아이도 나만큼은 건드리지 않았다. 왜였는지는 지금도 잘 모르겠다.

안산에서 지낸 시간은 겨우 두 달밖에 안 된다. 엄마의 완강한 요구에 서울 방배동으로 다시 이사를 했다. 계기가 된 것은 전학 간 뒤 처음 본 시험 성적이 너무 잘 나왔기 때문이다. 전교 1등을 했다. 부모님께 칭찬 받을 거라 생각하며 기분 좋게 하교해 성적표를 내밀었다가 보기 좋게 예상을 빗나간 엄마의 반응을 보고 크게 당황했다. 엄마는 환경이 많이 바뀌기도 했고 적응하는 데 시간도 걸릴 게 분명하니 그 시험에서만큼은 크게 기대를 하지 않은 듯했다.

"전교 1등이라니, 여기 수준을 알 만해요. 다른 건 몰라도 애들 교육만큼은 포기 못해요. 당장 이사해요."

엄마는 아빠를 설득해 다시 이삿짐을 꾸렸다. 당시 아버지의 연이은 사업 부도로 집에 돈이 없었기 때문에 예전같이 큰 집으로 이사할 수 없었다. 그해 초여름, 우리 가족은 다시 서울로 왔다. 서울 방배동 집은 그 전까지 살았던 집 중에 가장 작았다. 하지만 어린 나는 이사할 때마다 서울의 중심에서 벗어난다거나 집이 작아지는 게 무슨 의미인지 전혀 알지 못했다.

아토피 전문 피부과를 방문하다

중학교는 방배동에 있는 남학교로 진학했다. 야구부가 유명한 학교였는데, 운동하는 아이들이 많았던 탓인지 전반적으로 학교 분위기가 거칠었다. 나는 있는 듯 없는 듯 학교와 집만 오가는 조용한 학생이었다. 친구를 사귀기가 쉽지 않았다. 주변 상황은 바뀌었지만 정작 나는 전과 다르지 않았다. 크게 노력하지 않아도 성적이 잘 나왔고, 성격은 변함없이 소심하고 느긋했다.

중학생 때 엄마 손에 이끌려 처음 피부과를 찾아가 아토피 치료를 받기 시작했다. 초등학생 때도 가끔 피부가 붉어지는 등 아토피 증세가 나타났지만 심하지 않았고, 얼마 지나지 않아 가라앉았기 때문에 심각하게 여기지 않았다. 처음 피부과의 문을 여는 순간만 해도 장차 내 인생에 어떤 일이 일어날지 짐작하지 못했다.

"지금 상태로 봐서는 크게 심각하지 않습니다. 처방대로만 잘 따르면 얼마든지 완치됩니다. 일단 연고를 발라보세요. 그 후 차도를 살펴보기로 하죠."

의사는 확신에 찬 목소리로 말하며 연고를 처방해주었다. 엄마는 의사를 향해 고맙다는 인사를 몇 번이나 했다.

"이렇게 간단한 줄 알았다면 진작 치료를 받을 걸 그랬어요. 정말 완치될 수 있는 거죠, 선생님? 이제야 마음이 놓이네요. 고맙습니다, 선생님."

그때는 스테로이드제가 얼마나 위험한지 알지 못했다. 연고를 바르니 증세가 호전되기는 했다. 하지만 시간이 지나면 다시 증세가 나타났다. 의심 없이 의사의 처방에 따라 연고를 발랐는데 차츰 연고를 발라야 하는 간격이 짧아졌다.

"선생님, 처음에는 효과가 있는 것 같더니 이제는 연고를 발라도 안 낫네요. 어쩌죠?"

엄마의 수심 가득한 얼굴과 달리 의사는 다시 이곳저곳을 살펴보고 나서는 "전보다 심해졌어요. 이제부터는 약을 먹어야겠네요"라고 태연하게 말했다. 나중에는 약을 먹어도 차도가 없자 독성이 더 강한 약을 처방했고, 그래도 효과가 없자 의사는 "약을 먹어도 안 듣는 경우가 더러 있어요. 주사를 맞아보죠. 사실 주사 처방이 가장 좋아요"라며 점점 강도를 높여갔다.

물론 그사이 병원도 여러 곳을 방문했다. 아무리 전문가라고 하지만 한 사람의 말만 믿기에는 체감되는 효과가 없었기 때문이다. 여러 병원을 전전했지만 비슷한 말만 들었다. 다들 짜기라도 한 듯이 완치를 확신하며 연고에서 약으로, 다시 주사로 이어지는 비슷한 처방을 내렸다.

다른 선택의 여지가 없었다. 약을 먹거나 주사를 맞거나 하면 당장은 효과가 있었기 때문에 계속 피부과를 찾아갔다. 중학교 1학년 때부터 고등학교 3학년 때까지 피부과를 전전하는 동안 내 몸은 스테로이드제에 속수무책 중독돼갔다.

꿈꾸지 않는 삶

"인생은 진정한 부메랑과 같다. 당신이 준 만큼 되돌아온다."
— 데일 카네기 —

고등학교 3학년이 되기 전까지 공부를 한 기억이 없다. 초등학생 때는 물론 고등학교 2학년 때까지 제대로 노력해본 적이 없었다. 학창 시절 나는 무엇에도 관심이 없었다. 심지어 내가 무엇을 좋아하는지, 무엇이 되고 싶은지에 대해 진지하게 생각해본 적도 없었다. 성적이 좋든 나쁘든 신경 쓰지 않았음은 물론이다. 그랬던 나도 고등학교 3학년 들어 첫 성적표를 받아보고는 충격을 받았다.

'이대로 가다가는 대학을 진학하지 못하겠다!'

처음으로 위기감이라는 것을 느꼈다. 솔직히 말하자면 당시도 대학 진학이 그렇게 절박했던 것은 아니다. 다만 '고등학교를 졸업하면 대학교는 당연히 가야 하는 거잖아'라고 막연히 생각했을 따름이다. 생각은 여기서 조금도 더 진전되지 않았지만 말이다.

설마 반에서 39등?

초등학생 시절 공부를 안 해도 성적이 좋았기 때문에 내가 머리가 좋은 줄 알았다. 수업 시간에 딴 짓만 안 해도 상위권은 유지됐으니 노력할 필요성을 느끼지 못했다. 하지만 고등학교를 진학하니 성적이 예전 같지 않았다. 1학년 때는 반에서 중간 정도나마 했지만 2학년 때부터는 수학 공부를 도와주던 친구와 반이 갈리면서 성적이 많이 떨어졌다. 공부를 거의 하지 않았고 성적표도 쳐다보지 않았다. 공부를 해야겠다는 동기가 전혀 없었다.

3학년 첫 모의고사 성적표를 받아들고 눈을 의심했다. 반에서 39등! '어쩌다 내 실력이 이렇게 곤두박질 친 거지?' 공부를 안 했으니 성적이 잘 나올 리 없지만 그 정도로 형편없을 줄은 몰랐다. 제발 내 성적표가 아니길, 악몽이길 바랐지만 그럴 일은 없었다.

대학 진학을 준비하며 열심히 공부하는 친구들 사이에서 나도 뭔가를 시작해야 했다. 대학입시까지 시간이 얼마 남지 않았기 때문에 효율적인 선택을 해야 했다. 나는 가장 취약했던 수학을 과감히 포기하는 대신 암기 과목에서 점수를 만회하기로 하고 국어·영어·생물·지구과학 등에 집중했다. 내일 수업을 철저히 예습하고 배운 내용은 무조건 복습했다.

모의고사 성적이 워낙 충격적이었던 탓인지 평소 싫증을 잘 내는 편이었던 나도 처음으로 집요함을 보였다. 대신 많이 피곤하고 몸이 안 좋아 공부에 집중하기 힘들면 예습은 건너뛰더라도 복습은 반드시 했다. 몸이 안 좋은데도 예습·복습을 전부 했다가 다음날까지 컨디션이 회복되지 않아 공부의 흐름을 깨트린 경험을 몇 번 하고 난 뒤부터는 무리하지 않는 범위에서 최선을 다하는 쪽으로 선택했다. 처음으로 노력이라는 것을 했다. 성적은 크게 향상되지는 않았지만 서서히 올라갔다.

공부하느라 신경을 많이 쓴 탓일까, 아토피 증세가 급격히 악화됐다. 공부에만 전념하기가 쉽지 않았다. 근 5년 동안 연고·약·주사 등 각종 스테로이드제를 복용하다 보니 그사이 저항이 형성돼 어지간한 처방으로는 치료 효과가 없었다.

그때 아는 분이 '공동약국'이란 곳에서 '용한 약'을 구했다며 엄마에게 건넸다. 몸에 바르는 생약이었다. 시간이 지나서야 알았지만 그 약 역시 스테로이드제였다. 그것도 아주 독한.

"이걸 바르면 아토피가 싹 없어진대요. 효과를 본 사람이 많대요. 값이 비싼데도 없어서 못 판다더라고요. 이것도 어렵게 구해왔어요."

엄마는 효과가 있다는 말에 당장 몸에 바르게 했다. 나도 밑져야 본전이라는 생각에 별 의심 없이 생약을 발랐다.

효과는 대단했다. 약을 먹어도 주사를 맞아도 진전이 보이지 않던 증세가 생약을 발랐더니 말끔하게 가라앉았던 것이다. 가시적인 효과가 있자 엄마는 약이 떨어지기가 무섭게 새로 구해왔다. 약값이 2리터 크기의 물병 하나에 당시 약 10만 원쯤 했던 것으로 기억한다. 병원에서 처방받는 약이나 주사보다 훨씬 비싸 나는 신경이 쓰였지만 엄마는 손사래를 쳤다.

"지금 네가 다른 데 신경 쓸 때니? 공부만 열심히 해. 이런 건 엄마가 다 알아서 해결해."

착한 것인지 단순한 것인지 나는 엄마의 말만 믿고 곧 돈 문제에서 신경을 끊었다. 돌아보면 당시 아버지의 연이은 사업 부도로 가정 형편이 말이 아니었다. 그럼에도 생약이 끊어지는 날이 없었다. 약값을 마련하느라 부모님의 고생이 심했을 텐데, 아둔한 나는 아무런 생각이 없었다. 그저 엄마가 하라는 대로 꼬박꼬박 약을 챙겨 발랐고 수험생으로서 공부만 묵묵히 할 뿐이었다.

유전공학자, 멋지지 않을까

나름대로 최선을 다해 공부했지만 성적은 욕심만큼 오르지 않았다. 고등학교 전 과정을 한꺼번에 소화하자니 만만치 않았다. 당시 부모님은 묵묵히 나를 지켜봤다. 그럴 만도 한 것이 생전 공부라는 것을 하지 않던 내가 마음잡고 책상 앞에 앉아 지내니 믿어보기로 한 한편, 아토피 때문에 고생하는 것을 지켜보면서 더 큰 욕심을 바랄 수 없었기 때문이리라. 뒤늦은 감이 있지만 그래도 알아서 공부를 해보겠다고 애쓰는 나를 지켜보기로 했던 것이리라.

당연한 결과지만 대학수학능력평가 성적은 실망스러웠다. 당장 원서를 써야 하는데 지원할 데가 마땅치 않았다. 부모님은 이미 내게 결정권을 넘기고 한 발 뒤로 물러선 뒤였다. 한순간에 진로를 결정하자니 눈앞이 막막했다. 애초에 목표를 세우고 공부를 한 것이 아니었다. 단지 자존심 상한 성적을 만회해서 어떻게든 대학에는 가야겠다고 생각했을 뿐이다.

늦게나마 내가 뭘 하고 싶은지 고민해봤다. 막연하게나마 어려서부터 과학자가 되고 싶었던 것이 생각났다. 새하얀 가운을 입고 각종 실험도구에 둘러싸여 연구에 몰두한 과학자의 모습이 멋져 보였다. 생물 과목이 재미있었던 것도 진로를 고민하는 데 도움이 됐다. '유전공학자가 되면 멋지겠는걸.' 내 성적으로 지원이 가능한 곳들을 살펴봤다. 가톨릭대학교·명지대학교·경원대학교가 눈에 띄었다.

"선생님, 유전공학을 전공하고 싶은데요."

담임선생님과 진학 상담을 하면서 내 의견을 밝혔다. 그런데 선생님은 "네 성적으로는 기계공학과에도 지원할 수 있겠다"고 말하는 게 아닌가. 소심한 성격 탓에 내가 의지를 확고하게 피력하지 못한 잘못도 있겠지만, 학생의 의견을 진지하게 수용하지 않는 선생님의 태도에 적잖

이 놀랐다. 당시만 해도 순진했던 나는 한 인간의 인생을 본인 의사는 개의치 않고 무성의하게 처리하려는 선생님의 무책임한 태도에 크게 실망했다.

결국 나는 명지대학교 화학공학과에 입학했다. 4학년 세부 전공에 유전공학이 있었다. 하지만 그마저도 오래 다니지 못했다. 1학년 1학기를 다니고 휴학했기 때문이다.

대학 신입생으로 한 학기를 보냈지만 기억할 만한 일이 별로 없다. 학과 수업에 흥미를 못 느껴 공부를 거의 안 했고, 연극 동아리에 가입했지만 뭘 해보기도 전에 휴학했으니 추억이랄 게 없다. 애초에 대학생활에 대한 환상 같은 것도 없었고 목표가 확실했던 게 아니어서 휴학도 쉽게 결정했다. 그때까지만 해도 영영 학교로 돌아가지 못하리라고는 생각지 못했지만 말이다. 당연히 유전공학자의 꿈도 그렇게 멀어졌다.

소심하거나 건방지거나

아버지가 어렵사리 재기했던 사업이 연이어 실패하면서 집에서 돈을 구경하기가 힘들어졌다. 새로 손대는 일마다 좌절되자 이후 아버지는 하루가 다르게 지쳐갔다. 다음 학기 등록금을 마련할 길이 완전히 막혔다. 휴학 이야기가 나왔을 때 나는 덤덤하게 받아들였다.

흥미도 없던 대학을 미련 없이 휴학하고 나니 주체할 수 없이 시간이 남아돌았다. 하루 종일 게임을 하고 텔레비전이나 보면서 집에서 빈둥거리며 지냈다. 부모님은 그런 나를 한심하게 바라보다가 화가 치밀 때마다 "나가서 아르바이트라도 해라" "사람을 만나거나 사회 경험이라도 해라"며 잔소리를 했다.

가정 형편이 어려우니 일을 해서 등록금을 마련해야겠다거나 생활비에 보탬이 돼야겠다는 기특한 생각 따위는 추호도 없었다. 그저 부모님의 성화에 못 이겨 떠밀리다시피 아르바이트를 시작했다.

역시 성격이 문제였다. 흔히 아르바이트라고 하면 육체노동을 생각하겠지만 내게는 '감정' 노동이었다. 부끄러움을 많이 타고 소심한 성격 탓에 사람들을 대하는 게 너무 어려웠다. 식당이나 분식집에서 서빙할 때는 손님이 와도 먼저 다가가지 못하고 우두커니 서 있기만 했다. 주인이 지시를 해야만 쭈뼛거리며 다가가 기어들어가는 목소리로 주문을 받았다. 안 그래도 못마땅한데 행동마저 굼떴으니 고용주의 입장에서는 내가 마음이 들 리 없었다.

닭갈비집에서 일할 때는 홀에서는 쫓겨나 철판 닦는 일로 밀려났다. 육체적으로는 조금 더 힘들었지만 사람들을 상대하지 않아도 되는 일이어서 마음은 편했다. 하지만 그것도 잠시, 이번에는 밥을 늦게 먹는다고 싫은 소리를 들었다. 전단지 돌리기, 스티커 아르바이트, 식당 서빙, 분식집 배달 등 잠시잠깐씩 여러 아르바이트를 전전했다.

가장 먼저 했던 일이 편의점 아르바이트였다. 겨우 두세 달 정도 일했을 뿐이지만 첫 경험치고는 나쁘지 않았다. 편의점 일은 주로 계산하고 상품을 정리하는 게 전부여서 육체적·정신적으로 크게 힘들 게 없었다. 다만 내가 가장 당황하는 순간은 여자 손님이 왔을 때다. 내가 혼자 계산대를 지킬 때 여자 손님이 들어오면 어김없이 긴장했다.

한 번은 여자 손님이 계산대 위에 생리대를 내려놓았는데, 순간 눈앞이 새카매지고 머릿속이 새하얘지면서 그대로 얼어붙고 말았다. 생리대를 손으로 집어야 하는데 팔이 뻗어지지 않았다. 간신히 팔을 뻗었지만 생리대 위에서 손을 어찌해야 할지 몰라 안절부절못했다. 기다리다 못한 손님이 어이없어하며 그냥 나가려던 순간 같이 일하던 형이 다가와 대신 처리해줬다.

편의점에서 만난 형은 나보다 다섯 살 정도 많았다. 형을 보면서 5년 후 내 모습을 그려보곤 했다. 나한테 잘해줘서 고맙기는 했지만, 솔직히 5년 후에도 아르바이트를 전전하며 살고 싶지는 않았다.

자의로든 타의로든 아르바이트를 그만두는 일이 잦았지만 그런 와중에도 나는 사람들을 탓하거나 사회를 원망하기보다 소심하고 굼뜬 내 성격을 문제 삼았다. 다른 사람들은 아무런 어려움 없이 쉽게 처리하는 단순한 일조차 나는 미숙하게 처리하거나 노력조차 하지 않고 도망쳐버리기 일쑤였다. 못난 내가 한심하고 실망스러웠다.

그러나 한편으로는 '나는 초등학교 때 전교 1등 하던 사람이야. 큰일을 할 사람'이라고. 이런 내가 시간당 고작 몇 천 원 하는 이까짓 일을 왜

해' 라며 미성숙한 자존심이 치밀어 올라 속으로는 대수롭지 않은 척했다. 쥐뿔 잘하는 것 하나 없고, 앞으로 어떻게 살지 무엇을 할지 계획도 목표도 없었으면서 자존심만 더럽게 강했다.

노래만 불렀지

아르바이트를 몇 시간 하고 나면 딱히 할 일이 없었다. 자연스럽게 노래에 조금 더 재미를 붙인 것도 그래서였는지 모르겠다. 노래를 잘 부르고 싶어서 집중해서 노래를 들었고, 노래방 동호회에 나가 다른 사람들과 같이 노래를 부르기도 했다.

 노래방 동호회의 경험을 통해 미미하게나마 지금까지 내가 살아온 것과는 다른 세계가 있다는 사실을 감지했다. (솔직하게 말하지만) 나는 다니던 교회에서 노래를 제일 잘하는 편이어서 노래만큼은 자신 있었다. 하지만 노래방 동호회에 나가 보니 나보다 더 잘하는 사람이 꽤 있었다. 현실을 목격한 충격은 컸다. 심지어 슬럼프도 왔다.

 다시 정신을 차리고 노래 연습을 재기했다. 열심히 하니 그만큼 실력도 좋아지는 게 느껴졌다. 그 과정에서 깨닫는 바가 있었다. 바로 '중도를 걷는 삶' 이다. 노래를 예로 들어보자. 스스로 노래를 잘한다고 자만하는 순간 연습을 덜 하게 되고, 다른 사람의 노래를 들어도 배울 점을 못 찾는다. 그 순간부터 실력은 제자리걸음을 한다. 나중에 정신을 차려

보면 그사이 나만 뒤쳐져 있고 꾸준히 연습한 사람들은 이미 나를 한참 앞지른 뒤다.

반대로 노래를 못한다고 좌절해서 슬럼프에 빠지면 역시 노래할 맛이 안 나 연습하기가 싫어진다. 연습을 안 하니 실력도 늘 리 없다. 악순환이다. 그래서 자만도 아닌 위축도 아닌 균형 잡힌 평상심이 중요한 것이다. 말하기는 쉽지만 실천하기란 여간 어렵지 않다.

당시 노래방이 아니면 노래를 연습할 장소가 마땅치 않았다. 돈이 없으니 날마다 노래방을 다닐 수도 없는 노릇이고, 부끄럼을 많이 타는 나로서는 집에서 연습하기도 곤란했다. 한 사람이라도 있으면 쑥스러워서 노래할 엄두를 못 냈다.

걸으면서 노래 연습을 한 것도 그래서다. 방배역에서 서초·교대역을 거쳐 강남역까지 걸으면 한 시간 가량 걸렸다. 대로지만 보행자가 드물어 발성 연습하기에 좋았다.

당시 목소리가 여자 같다거나 초등학생 같다는 놀림을 자주 받았다. 안으로 기어들어가는 소리로 말하다 보니 목소리가 더 가늘어져서 그런 오해를 받았지만, 노래할 때 목소리는 꽤 우렁차고 굵다. 걸으며 발성 연습을 할 때마다 사람들의 오해를 떠올리며 더 열심히 '한'을 풀었다.

웬만한 거리는 걸어 다녔다. 남아도는 게 시간이어서 슬슬 걷기 시작했는데 걷다 보니 의외로 재미있었다. 걷다가 신이 나면 속도를 올려 달리기도 했다. 숨을 쉬며 하루하루 살지만 '생명력'을 느껴본 적 없다가

걸어서 여행하는 사람은
누구에게 무엇을 보고해야 할 의무 같은 것이 없는 자유인이다.
길을 따라가며 수많은 발견을 축적하는 변화무쌍한 상황의 나그네다.

걸으면서 땀을 흘리고 심장이 뛰고 호흡이 거칠어지는 것을 몸으로 느껴보니 소소한 변화 하나하나까지 모두 신기했다. '살아 숨 쉰다는 게 바로 이런 것이구나!'

훗날 다비드 르 브르통의 에세이 《걷기 예찬》을 읽으며 무릎을 탁 쳤다. 걷는 행위 하나를 주제로 지적 유희와 작가적 감수성을 자랑한 것도 멋있었지만, 무엇보다 직접 걸어본 사람만 아는 생동감이 고스란히 전해져 전날 내가 느낀 짜릿한 흥분의 기억이 생생하게 되살아났다. 그리고 뒤늦은 발견이었지만 그토록 걷기를 탐닉했던 이유가 바로 자유를 향한 갈구였음을 깨닫자 어찌나 놀라고 기뻤던지!

> 보행은 그 어떤 감각도 소홀히 하지 않는 모든 감각의 경험이다. 미각까지도 소홀히 하지 않는 전신감각의 경험이다. (……) 걸어서 여행하는 사람은 누구에게 무엇을 보고해야 할 의무 같은 것은 없는 자유인이다. 그야말로 기회와 가능성의 인간이요 흘러가는 시간의 예술. 길을 따라가며 수많은 발견을 축적하는 변화무쌍한 상황의 나그네다.

차라리 죽는 게 낫지 않을까

"참다운 열정이란 꽃과 같아서 그것이 피어난 땅이
메마른 곳일수록 한층 더 아름답다."
― 발자크 ―

이것도 욕심일까. 걷기의 즐거움을 알고 나니 다음에는 달리고 싶어졌다. 보폭을 더 벌리고 도보의 속도를 올리니 걸을 때와는 또 다른 흥분이 온몸을 감돌았다. 몸에 근육도 붙어 하루가 다르게 건강해졌다. 건강해지는 몸과 마음을 지켜보는 일은 신나고 짜릿했다.

스테로이드제와의 전쟁

아토피 증세는 여전했다. 아니 갈수록 악화됐다. 중학생 때부터 거의 7년 동안 스테로이드제를 복용했더니 아예 저항이 생겨 더 이상 효과가 없었다. 그렇다고 끊기도 힘든 상황이었다. 심각한 스테로이드제 중독 상태였다. 피부가 검게 죽어갔다. 모른 척하고 싶었지만 조금씩 마음 깊은 곳에서 불안감이 일어났다. 완치할 수 있다고 확신했지만 스테로이드제의 강도만 높일 뿐인 의사들을 신뢰하지 않은 지 오래였다.

　인터넷 검색을 통해 내 상황이 매우 심각하다는 것을 짐작했다. 아토피 증세로 고생하는 사람들이 주고받는 정보들을 통해 스테로이드제가 얼마나 위험한지도 알게 됐다. 약 중독도 심각하지만 주사는 더 위험해서 쇼크사한 경우도 빈번하다는 내용을 발견했을 때의 충격을 어떻게 설명할까. 시한부 인생을 선고받았을 때의 기분이랄까. 머리카락이 쭈뼛 일어서고 식은땀이 나며 온몸이 경련을 일으키듯 떨렸다. 오래 전부터 약으로는 효과가 없어 이미 주사 단계로 넘어가 있었기 때문이다.

　이대로 죽을 수는 없었다. 그날 이후 나는 오직 살기 위해 악다구니를 썼다. 같은 질병으로 고생하는 사람들에게 스테로이드제를 끊으려 한다며 조언을 구하고 정보를 모았다. 스테로이드제의 위험성을 감지하고 의료적 치료를 중단한 채 자연 치료로 방법을 전향한 사람들의 경험담에 주목했다. 스테로이드제에 중독됐을 경우 정도에 따라 그리고 사람에 따라 부작용 증세가 상이하게 나타나지만, 대부분 단칼에 끊으면 부작용이 매우 심각하게 진행될 수 있으므로 서서히 약을 줄여가라고 조언했다. 하지만 그러기에는 투약도 지겨웠고 무엇보다 내 마음이 다급했다.

　나는 가장 먼저 부모님께 이 사실을 알리고 스테로이드제와의 전쟁을 선포했다.

"지금 이 시간 이후로 스테로이드제를 완전히 끊을 거예요. 약도 주사도 모두 끊을 거예요. 스테로이드제로 완치할 수 있다고 했던 의사들 모두 사기꾼이에요. 그들 때문에 내가 죽어가고 있단 말이에요. 계속 복용하다가는 언제 쇼크사할지 몰라요!"

마른하늘에 날벼락 같은 소리를 듣고 부모님의 얼굴이 새하얘졌다. 내가 그때처럼 절규했던 적이 없었기 때문에 부모님 역시 내 결심을 말릴 엄두를 못 냈다.

스테로이드제를 중단했을 때 어떤 일이 벌어질지는 감히 예상할 수 없었다. 하지만 쉽지 않을 거라는 각오는 했다. 막연한 고통을 예감할수록 두려움이 커졌지만 전투력도 확고했다.

단칼에 스테로이드제를 중단했다. 그 순간 지옥의 문이 열렸음을 나는 알지 못했다. 스테로이드제 부작용은 예상했던 것보다 고통스러웠고 끈질겼다. 애벌레가 나비가 되기 위해 허물을 벗는 과정이 이처럼 괴로울까. 목숨을 구걸한 대가로 나는 산 채로 온몸의 살갗을 발라내는 듯한 고통을 감수해야 했다.

죽느냐 사느냐 이것이 문제로다
⋮

스테로이드제를 중단하자 약 기운에 억눌려 있던 아토피들이 득달같이 일어났다. 처음에는 온몸에 열이 나면서 부풀어 오르고 심하게 가렵더니 피부가 터지고 진물이 났다. 손발이 붓고 피부가 갈라져 일어서지도 못했고 당연히 걸을 수도 없었다. 걷고 뛰는 일의 즐거움을 알아버린 지 얼마 안 돼 옴짝달싹 할 수 없게 되자 '내가 너무 자만해 멀쩡한 사지를 묶이는 형벌을 받았을까' 라는 어처구니없는 생각까지 들었다.

피부가 터지는 고통 못지않게 가려움증도 참기 어려웠다. 짐승처럼 정신없이 긁어댔더니 손톱이 다 닳아 없어졌고, 살갗이 점차 검게 변하면서 하루가 다르게 두꺼워져갔다. 손톱이 없으면 물건을 집을 수 없다는 것을 그때 처음 알았다. 이가 없으면 잇몸으로 먹는다더니 손톱이 닳아 없어져 긁을 수 없게 되자 머리빗으로 긁었다. 갈라진 두꺼운 피부 사이로 진물과 피가 마를 날이 없었다. 괴롭게 아픈 동시에 미칠 듯이 가려웠다. 긁으면서 느끼는 감각이 쾌감인지 통감인지 구분할 수조차 없었다.

발열 증세도 심각했다. 몸에 열이 올라서 한겨울에도 창문을 닫지 못했고 이불도 덮지 못했다. 그러다 추워서 다시 이불을 덮으면 체온 때문에 이불 속으로 습기가 차서 가려움증이 극심해졌다. 그렇게 이불을 덮었다 걷었다를 반복하고 가려움증 때문에 몸부림치느라 내리 30분을 잠들지 못했다.

밤이면 고통이 더 심했다. 저녁만 되면 다시 끔찍한 밤을 보내야 한다는 생각으로 괴로웠다. 해가 지기 시작하면 형장으로 끌려가는 공포감이 밀려왔다. 엄마를 붙들고 "너무 무서워요"라고 말하며 바들바들 떨었다. 부모님이 걱정하실까봐 어떻게든 견디고 버텼지만 두려움이 극심한 날은 참아낼 재간이 없었다. 부모님에게 들릴까봐 소리 죽여 매일 밤 울었다. 고통스럽고 또 외로웠다.

잠을 못 자니 신경은 날로 예민해지고 체력은 점점 약해졌다. 나중에는 천식 발작까지 일어났다. 체력이 떨어질수록 발작이 잦아졌다. 천식 발작은 주로 환경이 갑자기 변하거나 스트레스가 극심할 때 증세가 나타났다.

천식 발작은 또 다른 지옥이었다. 온몸의 피부가 터지고 가려움증이 극심해도 어떻게든 버틸 수 있었는데, 천식 발작은 내 한계가 어디까지인지 시험하는 듯했다. 숨구멍이 작아져 도무지 숨을 쉴 수 없었다. '이게 죽는 거구나' 라는 생각이 절로 들었다.

천식 발작 증세가 나타난 초기에는 부모님도 심각성을 몰라 나를 오해했다. 꾸중을 듣는 도중에 증세가 나타나 숨도 못 쉬고 말도 못하는데 부모님은 내가 혼나기 싫어 꾀병을 부리는 거라고 생각해 더 화를 냈다.

하루는 온가족이 외출하고 나 혼자 집에 남았는데 갑자기 극심한 천식 발작이 일어났다. 바늘 하나도 통과하지 못할 만큼 숨구멍이 좁아진 듯 숨을 들이쉴 수도 내쉴 수도 없었다. 목소리도 나오지 않았다. 전화기를 들어 어디로든 연락을 해야 했지만 조금도 몸을 움직일 수 없었다. 죽음이 얼마나 가까이 있는지 절감했다. 그런 상황에서 내가 할 수 있는 게 아무것도 없다는 사실이 더 절망스러웠다.

체력이 약해지자 정신력도 버티지 못했다. 바닥에 몸을 누이면 끝을 알 수 없는 심연에서 검은 무엇인가가 나를 잡아당기는 것만 같았다. 무서워서 몸을 일으키고 싶었지만 일어나 있기도 힘들었다. 몸을 조금만 움직여도 통증이 느껴졌다. 혈관이 약해졌는지 일어서면 다리가 매우 아팠다. 몸은 이미 내 의지로 통제할 수 있는 상태가 아니었다.

갈증도 심각했다. 하루에 물 20리터를 넘게 마셨다. 1.5리터를 한꺼번에 다 마셔도 여전히 목이 타들어갔다. 마신 물 때문에 배가 꽉 차 더는 마실 수도 없었다. 그렇게 물을 마셔대는데도 온몸으로 피와 진물, 땀으로 쏟아져 나와서인지 하루에 한두 번만 소변을 봤다.

화장실을 다녀오면 녹초가 돼 쓰러졌다. 피와 진물, 땀으로 얼룩진 옷을 부여잡고 온몸의 통증을 참으며 간신히 기어가는 내 모습이 너무 처량하고 가엾었다. 절망스러웠다. 몇 달 동안 하루 온종일을 '이쯤에서 포기해야 하나? 아냐, 조금만 더 버티자'라는 생각만 반복했다. 정신력으로 버텨야 하는데 시간이 지날수록 점점 버거워졌다. 조금만 긴장을 놓으면 그대로 죽을 수 있다겠다는 생각이 들었다.

"엄마, 미안해요. 이제 나 더 이상 버틸 의지가 없어요."

견디다 못해 결국 입 밖으로 말해버리고 말았다. 제정신이 아니었다.

"그런 말 하면 안 돼. 우리 아들, 꼭 이겨낼 수 있어. 그런 말 하는 거 아니야."

엄마가 다소 나무라듯 이와 비슷한 말을 했던 것 같다. 시간이 지나

애벌레가 나비가 되기 위해
허물을 벗는 과정이 이처럼 괴로울까. 스테로이드제를 중단한 대가로
나는 온몸의 살갗을 발라내는 듯한 고통을 감수해야 했다.

겨우 정신을 수습하고 나니 엄마에게 미안했다.

'내 삶이 나 혼자만의 것은 아닌데, 내가 힘들다고 포기해버리면 부모님은 어떻게 해.'

절망의 끝이라고 생각한 순간 가족을 떠올리자 포기할 수 없었다. 부모님을 생각해서라도 이겨내야 했다.

반드시 살아남아야 할 동기부여가 필요했다. 작은 목표라도 있으면 버티겠는데 그때까지 나는 꿈이나 목표 따위를 가져본 적이 없었다. 제법 고민하다가 생각해낸 것이 한 번도 연애를 못해봤다는 사실이었다!

'뽀뽀도 못해봤잖아. 이대로 죽기에는 너무 아쉬워.'

죽기 전에 반드시 해봐야 할 버킷리스트의 1순위가 연애라니! 다른 사람들은 웃을지 모르겠지만 당시 나는 꽤 심각했다.

비로소 반드시 살아남아야 할 간절한 목표가 생겼다. 부모님을 위해, 그리고 언젠가 만날 사랑스러운 여자친구와 뽀뽀도 하고 추억도 많이 만들기 위해 나는 기필코 고난의 시간을 이겨내야 했다. 죽음이 눈앞까지 다가왔던 시간도 서서히 지나갔다.

오직 버틸 뿐 기다릴 뿐

죽음의 순간을 모면했을 뿐 여전히 투병기였다. 이제부터가 진짜 시작이었다. 나도 힘들었지만 아무것도 해주지 못한 채 지켜봐야만 하는 부모님에게도 생지옥 같은 시간이었을 것이다.

내 몸의 상태가 극도로 나빠지자 부모님은 시골로 이사를 강행했다. 2000년 여름, 수지 고기동으로 이사했다. 내 병도 병이지만 당시 집안 형편이 최악이었다. 서울서 살던 집을 정리하고 남은 돈으로 어렵사리 월세를 구했는데 보증금 2,000만 원에 월 40만 원쯤 했던 것으로 안다. 지금은 수지도 개발이 이뤄져 변화해졌지만 당시만 해도 집 주변이 허허벌판이었다.

온몸이 붓고 피부가 터져 할 수 있는 일이라고는 고작 하루 온종일 누워 지내는 게 전부였는데 수지로 이사한 뒤로는 발의 붓기가 조금이라도 가라앉으면 집 앞을 거닐었다. 오가는 사람이 없으니 아무도 의식하지 않아도 돼서 좋았다. 아주 가끔 만끽하는 바깥공기는 간절한 만큼 달콤했다.

투병하는 동안 유희거리가 없다 보니 하루 온종일 밥 먹는 시간만 기다렸다. 입술이 터지고 짓물러 밥을 먹기도 힘들고 손톱이 닳아 숟가락을 쥐기도 어려웠지만 몸을 움직여서 무엇인가를 한다는 그 자체가 좋았다. 어려서 진저리치게 밥 먹기를 싫어했던 내 모습은 온데간데없었다. 질색하던 당근은 물론 각종 야채들을 먹기 시작했고 그 맛도 알게 됐다.

문제는 식사량이 놀랄 만큼 늘었다는 거였다. 엄청난 체력 소모 때문인지 하루에 밥을 열 그릇 넘게 먹었다. 그때부터 식탐이 생겨 최근까지

식사량을 조절하는 문제로 어려움을 겪어야 했다.

느리지만 차도는 보였다. 2년쯤 지나자 상처 아래로 하얗게 새 살이 조금씩 보이기 시작했다. 겨우내 얼어붙었던 땅에 여린 새싹이 올라오면 이토록 어여쁠까 싶을 만큼 신기하고 감격스러웠다. 새살을 들여다보고 있자니 어느새 조금 더 버틸 수 있겠다는 막연한 자신감이 생겼다. 지금껏 기다렸는데 더 기다리지 못할 이유가 없겠다 싶었다. 절망의 끝이 어디쯤일지는 알 수 없었지만 실낱같은 희망이나마 확인한 뒤라서인지 기대감이 커졌다. 어려서부터 느긋했던 성격이 버티는 데 도움이 됐다. 한 5년쯤 지나자 비로소 '이제 죽지는 않겠구나' 하는 안도감이 들었다.

수지 고기동으로 이사한 그해 겨울 큰 눈이 내렸다. 온몸이 퉁퉁 붓고 갈라져 다시는 다리를 못 쓸지 모른다는 공포감에 짓눌려 8개월 정도를 불안에 떨었는데 그 무렵 부기가 다소 가라앉았다. 갑자기 왜 그런 생각을 했을까? 겨우 한 걸음씩 발을 디딜 수 있는 정도에 불과했는데 그날따라 왠지 달릴 수 있을 것 같은 기분이 들었다.

주먹을 불끈 쥐었다. 누워 지내는 사이 근육이 풀려버린 두 다리에 힘을 줬다. 오른발을 한 걸음 내디뎠다. 이어 왼발을 한 걸음 내디뎠다. 살얼음판을 걷듯 조심하며 발을 옮겼다. 그렇게 걸었다. 아무도 밟지 않은 눈 위에 내 발자국이 찍혔다. 좁은 간격으로 느리게 찍히던 발자국이 갈수록 빨라지면서 간격도 넓어졌다. 어느새 나는 달리고 있었!

한겨울의 찬 기운을 온몸으로 부딪치며 달렸다. 할 수 있는 한 전속력을 다해 내달렸다. 오르막길도 아랑곳하지 않고 미친 듯이 뛰었다. 기분만큼은 지구를 한 바퀴 돌고도 더 달릴 수 있을 것 같았다. 더 이상 달릴 수 없을지 모른다는 불안감 때문에 괴로워했던 8개월여의 투병 기억이 눈 녹듯 사라지는 듯했다.

한참을 달리다 눈 위에 쓰러졌다. 주체할 수 없이 눈물이 흘렀다. 소리 내어 울었다. 행복한 만큼 두려웠다. '욕심냈다가 영영 못 걸으면 어쩌지?' 더럭 겁이 났다. 그날 이후 극도로 조심하며 다시 누워 지냈다. 부기가 가라앉아도 걷고 싶은 마음을 억눌러 무조건 참고 버텼다. 다시 걷기 시작했을 때는 그로부터 2년 뒤였다.

고비를 넘기고 나자 미미하고 더디지만 회복이 느껴졌다. 잠자는 시간이 점차 길어졌고, 새살도 눈에 띄게 많아졌다. 외출 후 30분이 지나면 체력적으로 힘들었는데 차츰 외출 시간도 길어졌다. 그래도 안심하기는 일렀다. 언제 다시 악화될지 몰라 조마조마했고, 이러다 죽을지도 모른다는 불안감은 여전했다.

가장 힘들었던 것은 절망의 끝을 모른다는 사실이었다. 기한이 정해져 있는 고통이라면 어떻게든 참겠지만 언제까지 버텨야 할지 모른 채 무조건 견디는 것은 보이지 않는 괴물과 싸우는 듯 답답해서 미칠 지경이었다. 조금씩 낫는 것 같았지만 속도가 감지되지 않을 만큼 느리다 보니 희망과 절망 사이를 하루에도 몇 번을 오갔다. 고통의 유예 시간은 7년쯤 됐다.

"여간 힘든 게 아니었을 텐데 죽음과 맞바꾸고 싶었던 그 지루한 고통의 시간을 어떻게 견뎠어요?"

훗날 귀에 딱지가 앉도록 많이 들었던 질문이다. 사람들이 원하는 대답이 무엇이었는지 모르겠지만 솔직히 멋있는 대답을 찾지 못했다. 딱히 내가 한 일이 없었기 때문이다. 나는 그저 버텼을 뿐이다.

지금 와서야 드는 생각이지만, 투병의 과정은 인내력을 시험하는 시간 같다. '끝까지 견디는 자는 구원을 얻으리라' 는 〈마태복음〉의 구절을 알았다면 열심히 기도하며 인내할 수 있었겠지만 당시는 기댈 데를 찾지 못했다. 그나마 도움이 됐던 것은 타고난 느긋한 성격이었다. 소심하고 내성적인 성격, 굼뜬 행동 등이 평소에는 치명적인 단점이었지만 어쩔 수 없이 견디고 기다려야 하는 투병의 시간에는 무엇과도 바꿀 수 없는 강점이었다.

4년쯤 지나자 확실히 건강이 회복됐다. 그 무렵에는 두세 시간 정도 움직이는 게 가능했다. 주로 게임을 하고 텔레비전을 보며 시간을 보냈다. 처음에는 눈을 뗄 수 없을 만큼 재미있어 시간 가는 줄 몰랐지만 차츰 시간이 아깝다는 생각이 들었다. 병석에 누워 지낸 시간이 길다 보니 노는 방법을 아예 잊어버린 사람 같았다. 남아도는 시간 동안 무엇을 해야 할지 전혀 생각이 나지 않았다.

그러다 우연히 책을 봤다. 당시 행위는 독서라는 거창한 이름과는 어울리지 않는다. 그야말로 읽은 게 아니라 봤을 뿐이다. 내용이나 주제 따위가 눈에 들어올 리 없었다. 그저 주체할 수 없는 시간을 때우기 위한 소일거리였을 뿐이다.

내 인생을 바꿀 수 있었던 책과의 운명적인 첫 만남은 싱겁게 어긋났다. 어찌 보면 당연할 결과다. 그때까지 나는 변화할 준비가 전혀 돼 있지 않았다.

4년 만의 외출

"인간이 가장 조심해야 할 것은 자기 안에 있는 두려움이다."
— 토마스 칼라일 —

처음 스테로이드제 복용을 중단하기로 결심했을 때, 이 지독한 싸움이 언제쯤 끝날지 짐작하지 못했다. 평생을 싸우다 지쳐 죽을지, 고맙게도 생각보다 빨리 회복될지 전혀 예상할 수 없었다. 일단 스테로이드제를 끊기로 한 이상 더는 물러설 곳도 도망 갈 곳도 없었다. 아니, 도망은커녕 심신이 망가져 옴짝달싹할 수 없었으니 불행 중 다행이었을까. 그렇게 4년간을 스테로이드제 부작용으로 감금된 채 지냈다.

그사이 제17회 한·일 월드컵 축구대회가 열렸고 한국 대표팀이 4강에 진출하는 기록을 달성했지만 나와는 무관했다. 원주에서 두 여중생이 미군의 장갑차에 압사당한 참사가 있었고 이후 촛불이 광화문을 뒤덮었지만 나와는 상관없는 사건이었다. 미국과 영국의 연합군이 이라크를 침공했고 한국군도 이라크로 파병되면서 국내외 여론이 들끓었지만 나를 빗겨간 일이었다. 세상은 조용할 날 없이 요동쳤지만 나는 내 몸 하나 추스르기도 버거웠던 시간이었다. 4년 후 출소하는 심정으로 거리로 나왔을 때, 나는 그사이 몰라보게 변해버린 낯선 세상과 적응해야 했다. 그리고 세상 못지않게 나도 변해 있었다.

달라도 너무 다른 남매

투병한 지 4년쯤 지나자 두세 시간 정도는 움직일 수 있었다. 활동이 가능해지자 투병 전 노래를 부르면서 즐거웠던 기억이 새록새록 떠오르면서 바깥일이 궁금해졌다. 하지만 너무 오래 두문불출한 탓에 걸음이 쉽게 떨어지지 않았다. 혼자서는 감당이 안 됐다. 여동생을 앞세우고서야 겨우 문밖으로 나설 수 있었다.

여동생은 나와 많이 다르다. 같은 부모님 아래서 나고 자랐지만 서로 성격이 전혀 다르다. 어려서부터 수줍음이 많고 소심하며 행동이 굼떴던 나와 달리 여동생은 활달하고 민첩하며 매우 적극적이었다. 목소리도 씩씩하고 낯선 사람을 만나도 밝게 인사하며 금세 친해졌다. 여동생이 있는 곳은 어디든 유쾌한 웃음이 번졌다. 사람들을 기분 좋게 만드는 여동생의 성격이 미치도록 부러웠다.

항상 여동생과 함께 외출하다 보니 어디를 가든 누구를 만나든 우리

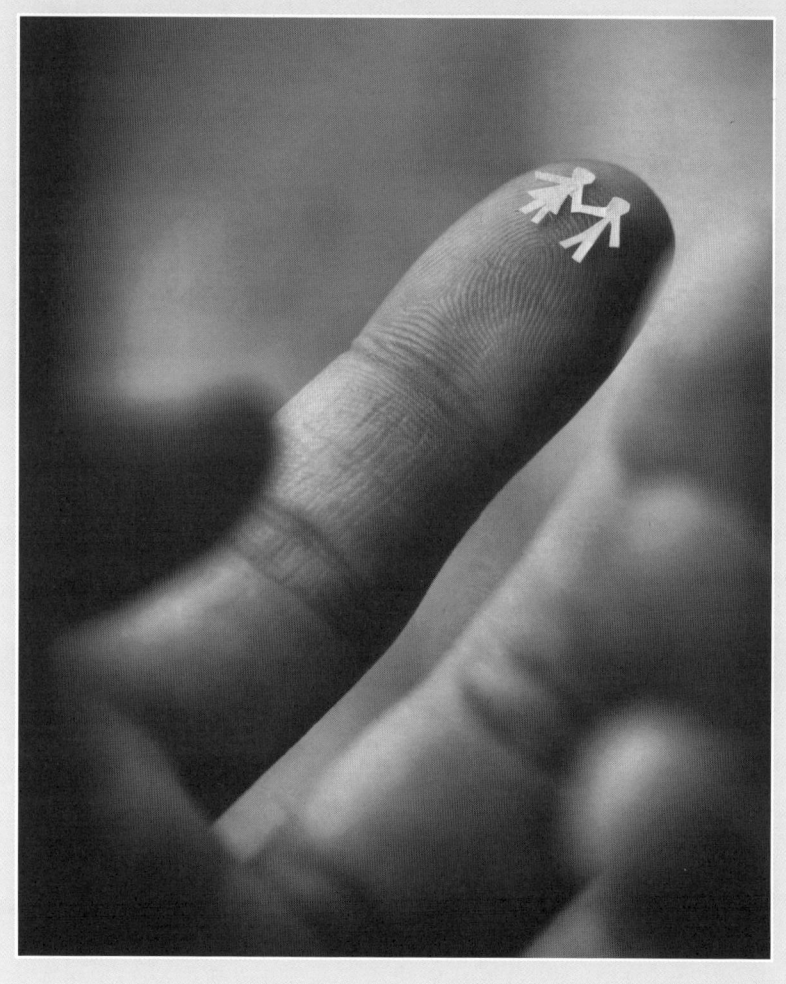

같은 부모님 아래서 나고 자랐지만
소심한 나와 달리 여동생은 유쾌하고 밝았다.
사람들을 기분 좋게 만드는 여동생의 성격이 미치도록 부러웠다.

남매는 비교가 됐다. 사람들은 너무 쉽게 나를 동정했다. 여동생과 비교되는 게 너무 싫었다. 집에서만 지낼 때는 몰랐는데 밖으로 나오니 우리 남매의 성격차가 더 두드러지게 부각됐다. 사람들 역시 나를 볼 때와 여동생을 볼 때 눈빛과 표정이 달랐다. 어려서는 "여동생보다 오빠가 훨씬 예쁘네"라는 말을 자주 들었는데 투병 후 4년 만에 나왔더니 우리 남매를 보는 사람들마다 "오빠는 못생겼는데 여동생은 예쁘네"라고 했다. 처음에는 사람들이 거짓말을 하는 줄 알았다. 여동생을 배려해서 듣기 좋으라고 하는 말이라고 생각했다.

 투병하는 동안 내 외모가 바뀐 사실을 자각하지 못했다. 스테로이드제 부작용으로 일그러져가는 내 모습을 보기 싫어 4년간 거울을 보지 않고 지냈더니 그사이 얼굴이 변한 것을 알지 못했다. 집에서는 아무도 그런 이야기를 해주지 않았다. 날마다 얼굴을 보고 지냈기 때문에 가족들도 내 외모가 변해간 것을 인식하지 못했을지 모른다. 외출했다 집으로 돌아와 거울에 비친 내 모습을 구석구석 뜯어보고서야 그사이 내가 얼마나 변했는지 알아챘다. 낯선 나를 바라보고 있자니 심장이 멎어버릴 듯 절망적이었다.

 안 그래도 내성적이던 나는 외모로도 자신감을 잃자 더 움츠러들었다. 어려서는 곱상한 외모 탓에 내가 애쓰지 않아도 친구들과 선생님이 먼저 호감을 갖고 다가와주었는데 이제 불쾌감을 주는 인상으로 변했다고 생각하니 다시는 외출할 엄두가 나지 않았다. 오직 병마와 싸우던

4년보다 그때가 더 외롭고 힘들었다.

　여동생과 나의 근본적인 성격 차이를 이해하고 있는 그대로의 나를 인정하기까지 그 후 약 2년이 걸렸다. 책을 읽고 나를 냉정하게 들여다보며 타고난 성향을 받아들이기까지의 과정은 생각보다 지난하고 험난했다. 하지만 고비를 지나 내성적인 내 성격을 있는 그대로 이해하고 나자 한결 마음이 편해졌다.

　매사에 서투르고 굼떠서 실수가 잦았지만 예전 같으면 '못난 놈!' 이라며 자괴감을 느꼈을 테지만 이후로는 수줍음 많은 본성을 있는 그대로 인정하고 '괜찮아, 다시 하면 돼' 라며 스스로를 다독였다. 대신 조금만 잘해도 '잘했어. 그것 봐, 나도 잘하는 게 있잖아' 라며 자화자찬했다.

　이후 다른 사람의 평가 따위에 신경 쓰지 않고, 다른 사람과 비교하려 들지도 않고 오직 나 자신에게만 집중했다. 다른 사람들을 의식하느라 정작 나 자신을 너무 몰랐다는 사실을 깨달았다. 나를 몰아세우지 않으려면, 있는 그대로의 나를 존중하고 나만의 길을 찾으려면 무엇보다 나 자신을 정확하게 알아야 했다. 관대하지도 인색하지도 말고 나를 진심으로 이해해야 했다. 긍정적으로 생각하자 기분도 좋아졌다.

최고의 선물

살면서 특별히 잘한다는 소리를 들어본 적 없었지만 그나마 노래를 부르면 곧잘 칭찬을 듣곤 했다. 초등 5학년 시절 담임선생님이 합창단을 꾸렸을 때 솔로를 맡기도 했다. 노래를 부르면서 돈을 벌 수 있다면 지금보다 재미있겠다는 생각에 이르자 욕심이 생겼다.

그 후로 녹음실을 찾아다니며 노래 강사를 하고 싶다고 문의했다. 어깨를 웅크리고 고개를 푹 숙인 채 작은 몸을 말고 서서 기어들어가는 목소리로 "노래 강사 안 구하세요?"라고 간신히 말문을 열었다. 내세울 만한 이력 하나 없는 나를 받아줄 곳은 어디에도 없었다. 당연히 반응은 냉담했다. 나를 거들떠보지도 않았다. 내가 눈치가 없는 편이긴 했지만 나를 반기지 않으며, 더 이상 요구할 수 있는 분위기가 아니라는 것은 충분히 감지했다.

아무것도 못하고 성과 없이 돌아섰지만 웬일인지 포기가 안 됐다. 처음에는 자포자기의 심정이었지만 시간이 갈수록 오기가 발동했다. 여전히 소심하고 소극적이었지만 어디서 생겼는지 '죽을 고비도 넘겼는데 아파봤자 얼마나 아프겠어. 지금 가진 게 없는데 잃어봤자 얼마나 더 잃겠어. 두려울 것 없잖아' 라는 생각이 들었다.

다음날 무작정 다시 녹음실을 찾아가 기웃거리다 인사를 하고 돌아왔다. 며칠 동안 집과 녹음실을 왔다 갔다 했더니 녹음실 사람들도 나에게 조금씩 관심을 보이기 시작했다. 그렇게 며칠을 반복했더니 드디어 녹음실 실장님에게서 "한번 해보든가"라는 허락이 떨어졌다.

실장님은 반신반의하며 기대 없이 해본 말이었겠지만 내게는 하나님의 계시처럼 들렸다. 그것은 나 혼자 힘으로 이룬 첫 성과였다. 그날의 짜릿했던 감격은 시간이 지나면서 조심스럽게 앞날에 대한 기대로 바뀌었다. 물론 성급한 기대였지만 말이다.

당시 나는 노래를 가르칠 만한 실력이 못 됐다. 그럼에도 마음을 돌리지 않을 수 있었던 단 하나의 이유는 내 목소리에 대한 믿음이었다. 말할 때는 개미소리만 한 목소리로 구시렁거렸지만 노래하기 전 목을 풀 때는 제법 그럴싸한 발성이 나왔다. 자녀를 음대에 진학시키기 위해 상담을 하러 온 학부모들도 못 미더워하다가 내가 목 푸는 발성법을 보면 조금씩 믿는 눈치였다. 그때 '하나만 잘하면 되는구나'라는 확신을 얻었다.

노래를 가르치는 일뿐 아니라 라이브 바에서 직접 노래도 불렀다. 사람들 앞에 나서는 게 떨리고 긴장됐지만 어김없이 '더 잃을 것도 없잖아'라고 스스로를 다독이며 무대에 섰다. 처음에는 너무 긴장한 탓에 눈앞이 캄캄해져 아무것도 보이지 않았다. 노래를 제대로 불렀는지조차 기억이 안 날 정도였다. 하지만 차츰 무대가 익숙해지자 사람들이 눈에 들어왔고 반주가 귀에 들렸다. 시큰둥하던 사람들이 차츰 내 목소리에 귀를 기울이는 모습을 봤을 때 온몸에 짜릿하게 번지던 희열과 감격은, 최고였다!

'지금 이 순간에도 계속 현재라는 선물이 주어지고 있고, 내가 원하는 대로 내 미래를 바꿀 수 있다. 어찌 감사하지 않을 수 있겠는가.'

이 무렵 기록했던 문장이다. 내 삶은 감동의 연속이었다. 매순간 감사하지 않을 날이 없었다. 이토록 즐겁고 편안해도 되는지 조심스럽고 두려울 정도로 행복하고 하루하루가 설렜다. 아침에 눈을 뜨는 일이 가슴 벅찼고, 창으로 들어오는 눈부신 햇살이 눈물겹게 아름다워 보였다. 콧속을 부드럽게 자극하며 들어와 폐 가득 부풀었다 가뿐하게 빠져나가는 공기가 달콤했고, 건강한 보폭을 내딛는 두 다리가 경쾌하게 느껴졌다.

그런가 하면 '내가 지독한 고통 끝에 맛본 경이로운 경험을 다른 사람들은 날마다 겪는 일상이잖아' 라는 생각이 들어 가끔은 억울하기도 했다. 그들의 평범한 일상이 다른 누군가에게는 가슴 시리도록 부러운 기적일 수 있는데, 그들은 그런 놀라운 사실을 전혀 모를 뿐 아니라 관심도 없다.

그렇게 보자면 내가 겪은 고통은 비록 과정이 힘들었지만 무엇과도 바꿀 수 없는 값진 경험이었다. 그 시간을 지나왔기에 소소한 일상에도 눈물겹게 감사할 수 있었으니 말이다. 내게 고통은 밟고 더 높은 곳으로 올라서라는 신의 선물이었을지 모르겠다는 생각을 그때 처음 해보았다.

《신약성서》와 짝사랑

2005년은 내게 매우 특별한 시간이다. 같이 교회를 다니던 대학생들 가운데 혼자서 좋아한 여학생이 있었다. 한눈에 봐도 아주 도도한 이화여대생이었다. 소심한 성격은 좋아하는 여자 앞에서 더 움츠러들어 멀찍

이 서서 훔쳐만 볼 뿐 제대로 인사 한 번 나누지 못했다.

《신약성서》를 읽었던 것도 그녀에게 잘 보이고 싶어서였다. 그리고 사람들에게 한 번쯤은 내 존재를 드러내고 싶었다. 그해 여름, 교회에서 해외 선교를 갔다. 한 번도 해외 선교 활동을 해본 적 없었고 자주 오는 기회도 아니어서 나도 꼭 참가하고 싶었지만 현실적으로 불가능했다. 고비를 넘기기는 했지만 여전히 5분 이상을 한 자세로 서 있지 못할 만큼 몸이 완전히 회복된 상태가 아니었다.

여러 가지로 서운하고 짜증이 났는데, 갔다 온 대학생들이 자랑을 하고 다니는 통에 더 화가 치밀었다. 그러던 차에 목사님이 귀가 솔깃해지는 제안을 했다.

"《신약성서》를 가장 많이 읽은 사람에게 상을 수여하겠습니다. 얼마나 읽었는지는 본인의 양심에 맡기겠습니다. 하나님 앞에서 거짓말 하는 일은 없을 줄 믿겠습니다."

그 순간 내 안에 숨어 한 번도 정체를 드러낸 적 없던 승부욕이 화들짝 일어났다.

'나라고 잘하는 게 없겠어? 반드시 1등을 하고 말겠어. 나도 뭔가 할 수 있다는 걸 사람들 앞에 보여주고 싶어.'

곧장 전략 수립에 들어갔다. '과연 몇 번을 읽어야 1등 할 수 있을까'를 곰곰 생각했다. 3독을 하는 사람은 꽤 있을 것 같고, 5독을 하는 사람도 더러 있겠다 싶어 살짝 불안했다.

'그래, 확실하게 7독을 하자!'

남은 시간이 11일이었다. 목표를 세우고 나니 마음이 급해졌다. 전체 분량이 423쪽이었다. 423쪽을 7독 하자면 총 3,000여 쪽을 읽어야 했고, 남은 11일 동안 하루에 약 300쪽을 읽어야 목표를 달성할 수 있었다. 우선 한 쪽을 읽는 데 얼마나 걸리는지 확인했더니 1분 정도가 걸렸다. 계산대로라면 하루에 다섯 시간만 투자하면 됐지만 집중력과 체력이 따라주지 않았다. 그래도 남아도는 게 시간이어서 잘하면 7독이 가능해 보였다.

하루 종일 읽고 또 읽었다. 내용 파악이나 이해 따위는 내 관심사가 아니었다. 오로지 7독을 향해 내달렸다. 결코 쉬운 일이 아니었다. 읽는 일이 그야말로 생고생이었다. 일주일 정도는 정말 치열하게 매달렸지만 갈수록 지치고 지루해졌다. 정말 포기하고 싶은 마음이 굴뚝같았다. '감당도 못할 거면서 왜 이 짓을 하겠다고 마음먹었지? 라며 스스로를 질책하기도 수차례. 정말 압박감이 심했던지 악몽에 시달리기도 했다.

너무 힘들어 내팽개치고 싶을 때마다 선교 활동을 다녀온 친구들을 향한 시기심을 떠올리거나 몰래 좋아한 여학생을 생각하며 정신을 수습했다. 하지만 무엇보다 나를 시험해보고 싶었다. 나도 잘하는 것이 있다는 사실을 사람들에게 당당하게 보여주고 싶었다. 그리고 마침내 7독을 달성했다!

예상대로 내가 1등이었다. 5독을 한 사람도 아무도 없었고, 3독도 한

내가 짝사랑한 그녀는 한눈에도 아주 도도해 보이는 여대생이었다.
그녀에게 다가가고 싶었지만…
나란 놈은 우물쭈물할 뿐 마음을 표현하지 못했다.

두 명밖에 되지 않았다. '5독만 할걸' 하는 허탈한 생각도 들었지만 아무도 못한 7독을 내가 해냈다는 뿌듯함이 훨씬 컸다. 무엇보다 그녀가 보는 앞에서 당당히 1등을 차지한 게 아닌가! 그것만으로도 충분히 보상이 됐다.

그날 저녁 그녀가 내 싸이월드를 방문해 "축하해. 정말 대단하다. 동생인 줄 알았더니 오빠네"라며 글을 남겼다. 기대하지 않은 선물을 받고 내 눈을 의심했다. 심장이 터질 것처럼 세차게 뛰었다.

'그녀가 나에게 먼저 말을 걸었어!'

실감이 나지 않아 꿈이 아닐까 불안하기까지 했다. 여자에게서 관심을 받아본 적도 처음이지만 다른 사람도 아닌 가슴 졸이며 짝사랑하는 그녀가 아닌가!

겨우 정신을 수습한 뒤 그녀의 짧은 글을 읽고 또 읽었다. 띈 칸과 쉼표, 마침표까지 욀 정도로 읽었지만 질리기는커녕 읽을수록 얼굴이 화끈거리고 가슴이 두근거렸다. 겨우 흥분을 진정시키고 최대한 침착하게 고맙다는 댓글을 남겼고, 이후 인터넷상에서 그녀와 몇 마디를 더 주고받았다. 연애의 감정이 이런 걸까. 생전 처음 느껴보는 나른하고 달콤한 기분으로 한동안 넋이 나간 사람처럼 멍하게 지냈다.

하지만 이후로도 나는 그녀의 주위만 서성일 뿐 얼굴을 마주보며 대화를 제대로 나눠보지 못했다. 말을 걸 구실을 찾다가 한 번은 용기를 내 그녀에게 책을 빌려줬는데 어찌나 긴장했던지 몇 마디 안 되는 말조

My Story

차 더듬느라 온전히 전달하지 못하고 고개를 떨궜다.

그녀에게 다가가기에는 내 모습이 너무 초라해 보였다. 학교도 제대로 졸업하지 못했고 외모도 잘나지 못했으며 성격마저 소심한 나를 그녀가 좋아할 리 없다며 지레 겁을 먹고 자포자기했다. 자기가 먼저 관심을 보였는데도 내가 적극적으로 반응하지 않아 그녀도 실망했을까. 나의 짝사랑은 《신약성서》 7독의 여운만 남기고 아쉽게 끝이 났다.

독서는 남자의 품격

《신약성서》를 7독하고 나자 재독再讀의 매력을 어렴풋이 알 것 같았다. 영국의 사상가 존 러스킨이 남긴 "책은 한 번 읽으면 그 구실을 다하는 것이 아니다. 재독하고 애독愛讀하여 다시 손에서 떼어놓을 수 없는 애착을 느끼는 데서 그지없는 가치를 발견할 것이다"라는 멋있는 문장의 의미를 미미하게나마 깨달은 것은 훨씬 뒤의 일이다. '애독'의 묘미는 여전히 궁금하다.

당시 책 읽기에 대한 내 수준은 어리석지만 순수했다. 《신약성서》를 7독해 1등을 하고 나서 발견한 성과는 책 읽는 남자가 멋져 보일 수 있다는 것이었다. 냉철하게 판단하자면 내 외모와 성격으로는 첫인상으로 호감을 사는 데 장벽이 높았다. 남들과 차별화된 전략 없이는 평생 연애도 못해보고 죽을지 모른다는 위기감이 커지던 차에 《신약성서》 7독이라는 결정적 사건을 경험한 것이다.

'책 읽는 모습을 어필하면 똑똑해 보이겠지. 대학 졸업장이 중요한 게 아니잖아. 상식이 풍부하고 유식해지면 나도 멋있어 보일 수 있을 거야.'

유치하게 들리겠지만 책과의 본격적인 운명은 이렇게 시작됐다. 당시 나는 그 어느 때보다 진지했고 절박했다. 그리고 그 효과를 이미 경험하고 난 뒤가 아닌가. 더 이상 재고의 여지가 없었다. 오직 실행만이 최선이었다.

돈이 없었기 때문에 도서관으로 달려가 2주일간 읽을 책을 다섯 권씩 대출받았다. 분야를 가리지 않고 관심사를 좇아 무조건 읽었다. 버스나 지하철을 타면 반드시 책을 폈다. 설령 집중이 안 돼 내용이 파악되지 않더라도 열심히 책을 읽는 척했다.

책을 안 볼 때는 몰랐는데 책을 읽기 시작하고 나서 둘러보니 생각보다 책 읽는 사람이 없었다. 어쩌다 버스나 지하철에서 책 읽는 사람을 발견하면 괜히 반갑고 그가 무슨 책을 읽는지 궁금할 정도였다. 나중에는 낯선 사람이지만 무척 집중해 책을 읽고 있으면 책의 제목을 눈여겨 봐뒀다가 도서관에서 대출을 받아 읽어보기도 했다. 내 관심사가 아니었지만 의외로 책이 재미있어 이후로는 다른 사람이 읽는 책을 더 주의 깊게 살펴봤다.

운 좋게도 책을 읽기 시작한 초기에 독서의 묘미를 알려준 책들을 만났다. 책을 좋아하는 사람이라면 대부분 학창 시절에 이미 완독했을 법한 《갈매기의 꿈》《나의 라임오렌지 나무》《빵장수 야곱》 등을 나는 이십대 중반이 돼서야 읽었다. 실용서나 자기계발서 등을 읽을 때와는 전혀 다른 뭉클한 감동이 가슴 가득 잔잔히 번지던 당시의 느낌을 어떻게 설명해야 온전히 표현할 수 있을까. 마치 온몸의 신경다발이 파르르 떨리며 파도타기를 하는 기분이랄까.

나도 모르는 사이 책에 중독돼갔다. 중독되는 속도는 어떤 책을 만나느냐에 따라 달라지겠지만 《하늘 호수로 떠난 여행》《꽃으로도 때리지 말라》《영혼을 위한 닭고기 스프》 같은 책의 매력은 그야말로 치명적이어서 중독의 가속도를 몇 곱절 높여주었다.

특히 류시화 시인의 《하늘 호수로 떠난 여행》은 평소 책을 잘 읽지 않는 사람들도 책 제목은 들어봤을 만큼 유명해 따로 설명이 필요 없을 테지만, 개인적으로 나는 이 책을 통해 누구에게도 들어본 적 없는 진정한 위로를 받았고 순수한 공감의 감동을 느꼈다.

> 그대의 영혼은 아직 투명하고 사랑함으로써 그것 때문에 상처입기를 두려워하지 않으리. 그대가 살아온 삶은 그대가 살지 않은 삶이니 이제 자기의 문에 이르기 위해 그대는 수많은 열리지 않는 문을 두드려야 하리. 자기 자신과 만나기 위해 모든 이정표에 길을 물어야 하리.

류시화 시인의 글을 읽을 때마다 어수선해지고 꼬였던 마음이 정갈해지는 것 같아 좋다. '하늘 호수로 떠난' 인도 여행기는 나를 나의 내면으로 이끌었다. 상처 입지 않을까 두려워하며 포기하거나 외면했던 시간들이 후회됐다. 진정한 나로 살기 위해 두려움 없이 나를 찾아 여행을 떠나라고 부추기는 듯해 가슴이 뭉클했다.

이처럼 엄청난 치유의 경험은 돈으로 그 값어치를 감히 환산할 수 없었다. 아무런 조건 없이 순수하게 감동하고 나면 마음이 정화되는 동시에 더는 헤어 나올 수 없는 지독한 중독으로 급격히 빠져들었다. 이미 스테로이드제 중독의 경험이 있던 나였지만 둘의 성향은 완전히 달랐다. 스테로이드제 중독은 나의 생명에 절망적인 독성을 남겼지만 책 중독은 나의 삶에 찬란한 감동과 건강한 희망을 선사했다.

멘토를 만나다

"나는 누구인가? 스스로 물으라. 자신의 속얼굴이
드러나 보일 때까지 묻고 묻고 물어야 한다."
— 법정 —

"책은 꿈꾸는 것을 가르쳐주는 스승이다."

이 명언을 남긴 사람은 프랑스의 철학자 가스통 바슐라르다. 나처럼 내성적이어서 인간관계가 서툴고 어려운 사람은 그만큼 배움의 기회도 적을 가능성이 크다. 게다가 학창 시절에는 공부를 안 했을뿐더러 독서의 중요성을 몰라 책을 멀리했고, 관계망을 넓혀가야 하는 20대 초반에는 병석에 누워 지냈다 보니 다른 사람들보다 배움의 기회가 훨씬 적었다.

두렵지 않다면 무엇을 하겠는가

건강을 회복한 뒤 둘러보니 내 상황이 매우 나빴다. 집안 형편은 전혀 나아지지 않았고, 당연히 복학을 할 형편이 못 됐다. 그나마 다행이라면 내가 복학에 뜻이 없었다. 뚜렷한 목표가 있어 진학했던 게 아니고 짧게나마 경험한 대학 생활도 크게 재미있지 않았다. 학과 공부가 절실하지 않았던 만큼 복학에 대한 미련은 추호도 없었다.

다만 변화에 대한 간절함은 컸다. 다른 사람들처럼 건강해지고 싶었고, 못지않게 가난을 떨쳐내고 싶었다. 돈을 벌려면 일을 해야 했지만 재주도 없고 건강하지도 않으니 한계가 분명했다. 무엇보다 세상 속으로 뛰어들어야 하는데 자신감이 턱없이 부족했다. 답답한 마음을 위로받고 미래 가능성을 위한 답을 물을 데라고는 오직 책밖에 없었다. 분야를 가리지 않고 마음에 떠오르는 질문을 좇아 닥치는 대로 읽었다. 책은 내가 갈구하던 대답뿐 아니라 미처 예상치도 못했던 생각들을 펼쳐 보여주며 다음 질문으로 나를 이끌었다.

변화를 갈망하던 내게 가장 큰 자극이 됐던 책이 《누가 내 치즈를 옮겼을까?》다. 짧은 문장에 담긴 메시지의 힘이 온 정신을 사로잡았다. 내가 왜 끊임없이 변화하기 위해 노력해야 하는지, 나의 한계를 극복하고 왜 자신감을 길러야 하는지에 대해 이 책만큼 강렬하게 질타한 책이 없었다. 또한 변화는 나를 둘러싼 곳곳에서 일어나고 있으며, 상황의 변화에 내가 어떤 자세로 대처해야 하는지도 이 책만큼 명확하게 알려주는 책이 없었다. 나를 변화시키는 것도 중요하지만 못지않게 시시각각 변화하는 주변도 성찰해야 한다는 가르침을 일깨워준 책이다.

무엇이든 습관이 자리 잡기까지는 과정이 힘들다. 길들지 않은 몸과 정신을 바꾸기 위해서는 무식할 정도로 고집스럽게 자기 자신과 싸워야 한다. 운이 좋아 결정적 계기가 있어준다면 그 과정이 조금은 수월할 수 있다. 하지만 누구나 결정적 계기를 알아보는 것도 아니고, 설령 알아봤다 해도 간절하지 않으면 놓쳐버리고 만다.

나는 운이 좋았다. 독서가 습관으로 자리 잡기 전 책을 읽어가던 초기 과정에서 나의 무지몽매無知蒙昧를 발견한 것이다! 한 번 책에 매료되고 나자 어떤 분야의 책을 읽든 스펀지가 물을 빨아들이듯 거침없이 공감하고 탄식했다. 내가 얼마나 어리석은지 알게 해줬다. 내가 갇혀 있는 울타리가 얼마나 좁고 엉성한지 확인시켜줬다. 당장 무엇을 해야 하며, 어떻게 살아야 하는지 정확하게 짚어줬다. 내가 읽은 모든 책이 내 스승이었다.

긴긴 투병의 시간을 지나온 뒤에도 나는 예전처럼 게으르게 늦잠을 자고 일어나 늦은 식사를 한 뒤 텔레비전을 보고 게임을 하는 등 어슬렁거리며 하루를 보냈다. 어머니가 곱게 볼 리 없었다. 뒤통수에 와 닿는 어머니의 날카로운 시선이 따가워 책장으로 가 "읽을 만한 책이 있나"라고 중얼거리며 두리번거렸다. 마땅히 읽고 싶은 책은 보이지 않고 예전에 읽었던 책이 한 권 보였다. 얇은 책이어서 만만해 보이기도 했다. 단지 무료한 시간을 때우려 했던 무의미한 행동이 내 인생을 바꾸는 계기가 될 줄이야.

책장을 넘기는데 느낌이 남달랐다. 분명히 읽었던 책이어서 내용을 다 안다고 생각했는데 낯설었다. 새로운 문장이 눈에 띄었다.

"두렵지 않다면 무엇을 하겠는가?"

기억에 전혀 없는 문장이었다. 눈을 뗄 수 없었다.

'내가 지금 뭘 하고 있는 거지? 왜 이렇게 집에만 있는 거지? 두렵지 않다면…… 나는 뭘 할 수 있을까?'

충격이었다. 책을 한 번 읽으면 어느 정도 내용을 다 안다고 생각했는데, 아니었다. 의문이 들었다.

'읽었던 책도 다시 보면 전혀 새로울 수 있는 걸까?'

그러면서 나는 '생각'을 하기 시작했다. 솔직히 나는 생각하며 살지 않았다. 본능적으로 반응하고 움직였을 뿐 생각과는 거리가 먼 삶을 살았다. 진정한 생각을 하는 방법을 몰랐던 것이다.

머리를 한 대 세게 얻어맞은 듯한 경험을 하고 나니 정신이 번쩍 났다. 중학교 이후로 거의 내 삶에서 존재감이 없었던 책을 다시 불러들였고 이후 약 2년 동안은 '한 번 본 책에서 새로운 것을 얻을 수 있을까?'라는 질문을 품고 책을 봤다. 그러면서 '책은 내용을 보는 것보다 내용에 대해 생각하는 것이 훨씬 더 중요하다'는 점을 깨달았고 나의 발견을 사람들과 공유하기 위해 다양한 시도를 했다.

이 과정에서 저자가 궁금해졌다. 그를 만나 내가 받은 인상과 깨달음에 관해 함께 대화를 나누면 혼자 고군분투하는 것보다 도움이 많이 될 것 같았다. 나를 위로하고 자극한 책의 저자들을 직접 만나 응원을 듣고 싶었다. 책이 다 담아내지 못한 저자의 살아 있는 목소리를 듣고 실제 삶을 들여다보고 싶었다. 그래서 강연회를 찾아다니고 만나고 싶다는 내용의 전자메일을 보내기도 했다. 《누가 내 치즈를 옮겼을까?》의 저자 스펜스 존슨도 몹시 만나고 싶었지만 당시는 방법을 몰라 일단 국내 저자들에게 연락을 취했다. 그리고 몇몇 저자를 만났다.

저자는 어떤 사람일까

당시 강연장에서 만난 저자들은 책에서 받은 느낌보다 훨씬 강렬했다. 평소 저자가 옆에서 읽어주는 것처럼 소리 내어 책을 읽기도 하는데, 같은 메시지도 저자의 육성으로 직접 들으니 훨씬 힘이 넘쳤다. 이후 감명 깊게 읽은 책의 저자가 강연을 한다고 하면 최대한 참석하려고 애썼다. 한 책에서 에디슨이 "수많은 변명 가운데 가장 어리석고 못난 변명은 '시간이 없어서' 라는 말이다"라고 말한 문장을 발견한 뒤부터는 "시간이 없어서 못하겠다"는 말을 하지 않으려고 부단히 신경 쓰며 조심했다.

강연 내용도 좋았지만 특히 많은 사람들 앞에서 전혀 긴장하지 않고 자신감 있게 자신의 생각을 전달하는 저자의 당당한 자세에 압도당해 정신을 못 차릴 지경이었다. 늘 자신감이 부족해 사람들 앞에 나서기를 두려워하던 나로서는 그 비결이 궁금하고 또 배우고 싶었다.

한 권의 책을 읽고 삶을 성장시키고
윤택하게 할 만한 메시지를 발견하지 못했다면
나의 시각이 왜곡돼 있지 않은지 냉정하게 살펴봐야 한다.

강연을 쫓아다니다 보니 강연자마다 스타일이 조금씩 달랐고, 차별화된 전략이 눈에 들어오기 시작했다. 그들 역시 타고난 강연자가 아니라 거듭된 훈련을 거쳐 지금의 능력을 갖췄다고 생각하니 '나도 가능성이 있지 않을까' 하는 기대감이 생겼다.

강연이 끝나면 저자를 좀더 가까이서 보고 싶어 항상 사인을 받기 위해 줄을 섰다. 나처럼 저자와 인사 한마디라도 나누고 싶어 하는 사람들이 많아 책에 대해 대화할 수 있는 형편이 못 됐다. 아쉬운 대로 저자에게서 사인과 함께 힘이 되는 한마디를 부탁해 '정회일 씨, 용기를 내세요. 당신은 잘할 수 있습니다' 같은 저자의 친필 응원 문장을 받아들면 든든한 지원군을 얻은 듯 기뻤다.

하지만 강연을 듣고 돌아오는 걸음이 마냥 가볍지는 않았다. 좀더 진솔한 저자의 모습을 보고 싶고, 책에 대해 더 많은 이야기를 나누고 싶다는 갈증이 더 커졌다. 그래서 다짜고짜 저자들에게 전자메일을 보내 만나기를 청했다. 저자가 독자 한 사람을 만나기 위해 시간을 내줄 만큼 한가하지 않을 거라고 생각했지만 수차례 시도하다 보면 기회가 오지 않을까 기대하며 장문의 편지를 보냈다. 짐작했겠지만 거의 연락이 오지 않았다. 지칠 만도 했지만 나는 포기하지 않았다. 전략을 일부 수정해 젊은 저자들에게 다시 연락을 취했다. 그리고 몇몇 저자를 만났다.

개인적으로 만난 저자는 강연장에 섰을 때와 분위기가 달랐다. 좋은 형을 만난 기분이랄까. 다수의 청중을 위해서가 아닌 오직 나 한 사람을 위해 들려주는 조언은 훨씬 구체적이고 친절했다. 젊은 나이에 나름대로 의미 있는 성공을 거둔 사람에게서 풍기는 열정과 직관, 자신감이 부럽고 멋져 보였다.

개인적으로 저자를 만나다 보면 책이나 공식 행사에서는 발견하기 힘든 인간적인 면면을 확인하게 마련이다. 편집되거나 꾸미지 않은 있는 그대로의 저자와 마주쳤을 때 가끔은 기대에 못 미쳐 실망하기도 한다. 하지만 다시 생각해보면 그 기대라는 것이 실체를 전혀 고려하지 않은 채 내가 쌓아올린 허상이 아니던가. 내가 보고 싶은 대로 스케치하고, 내가 믿고 싶은 대로 채색한 가상의 인물과 다름없지 않은가. 물론 나역시 몇몇 저자를 만나고 크게 실망했던 적이 있다.

그렇지만 시간이 지난 뒤 곰곰 생각해보니 누구나 장단점이 있기 마련인데 그 동안 나는 단점을 찾아 비판하기에 급급했음을 깨달았다. 누군가에게서 장점을 발견할지 단점을 엿볼지는 내 안의 기준에 달렸다. 그러므로 저자의 미미한 허물을 확대해 보느라 내재된 장점을 읽지 못한다면 그것은 저자의 잘못이 아니라 전적으로 내 책임이요 내 어리석음이라는 사실을 뉘우쳤다.

독서도 마찬가지였다. 비판하거나 비난하면서 읽는 독서는 감정 소모, 시간 낭비일 뿐 아무런 도움이 되지 않았다. 한 권의 책에서 삶을 성장시키고 윤택하게 할 만한 메시지를 발견하지 못했다면 나의 시각이 왜곡돼 있지 않은지 냉정하게 살펴봐야 한다.

이런 생각을 한 뒤로는 어떤 책이든 어떤 저자든 섣부르게 판단하거나 재단하지 않으려 애쓴다. 독서법 가운데 '비판적 읽기'를 종종 듣겠지만 그건 지혜의 내공을 갖췄을 때의 이야기다. 나중에 다시 이야기하겠지만 성장하는 책 읽기, 삶을 바꾸는 책 읽기를 목표로 매진하는 사람은 책과 사람에게서 얻은 조언과 가르침을 곱씹고 실천해 마침내 삶에 변화를 가져오는 독서를 해야 한다. 책 속의 지혜가 오롯이 내 안에 쌓이기까지 인내하며 기다리는 시간이 필요하지만 어느 순간 성과가 보이기 시작하면 변화의 속도는 가파르게 진행된다. 직접 경험해보지 않은 사람은 그 순간의 성취감과 희열을 알지 못한다.

최초의 멘토

스테로이드제 장기 복용으로 상한 몸은 회복하는 데 상당한 시간이 걸렸다. 지금도 치유 과정에 있지만 2007년 무렵에는 '아! 이제 죽지는 않겠구나'라는 확신이 생겼다. 그전까지만 해도 다시 악화될 모른다는 두려움과 악화되지 않도록 철두철미 관리해야 한다는 극도의 긴장감에 눌려 신경이 매우 예민했다. 그 시기에 한의사 형을 만나지 못했다면 과연 지금의 내가 존재할 수 있을까.

2006년 한 인터넷 카페를 둘러보다가 유·아동을 대상으로 무료 진료를 해주겠다는 한의원의 공지를 발견했다. 전부터 서양의학의 치료법을 강하게 불신해 한의원 진료는 어떨까 궁금했지만 비용이 만만치 않을 것 같아 엄두를 못 내고 가끔 인터넷 카페에 올라오는 무료 진료 기회가 있으면 시도를 해보려던 참이었다. 아토피로 고생하는 사람이 꽤 많은 탓에 한의원의 무료 진료 공지도 종종 올라왔다. 하지만 대부분 지원 자격 대상을 어린아이로 제한했고, 지역도 강북이 많아 미련을 접곤 했다.

그러던 차에 강남에 있는 한의원의 무료 진료 공지가 올라왔다. 역시 지원 대상을 초등학생 이하 어린아이로 한정했지만 떨어지더라도 지원은 해봐야겠다고 생각해 문의를 넣었더니 놀랍게도 당첨이 됐다. 솔직히 그때까지도 크게 기대를 한 것은 아니다. 반신반의했지만 경험하지 않으면 계속 미련이 남을 것 같아 지정받은 시각에 한의원을 방문했다. 그리고 내 인생 최초의 멘토인 한의사 형을 만났다.

형은 친절했고 신중했다. 아토피 때문에 온몸의 피부가 붉어 옷으로 최대한 감추고 다니는 나에게 "회일이는 '핑크 팬더' 같아"라며 귀여운 별명을 지어줄 만큼 상대방의 상처와 아픔을 헤아리는 세심한 배려가 돋보였다. 침을 맞는 동안 귀찮을 정도로 이런저런 질문을 던졌지만 한 번도 싫은 내색을 한 적이 없을 만큼 자상하고 다정다감했다. 책에서만 봤던 '인품人品'이 느껴지는 사람을 실제로 만나니 수줍음 많고 자신감 없던 나도 편안해져 형 앞에서는 수다스러워졌다.

"세상엔 건강한 사람들도 많은데 나는 왜 이렇게 아파야 하죠? 평범하게 살고 싶은데 나는 왜 이토록 힘들어야 하죠?"

한의사 형은 나보다 대여섯 살 정도 많을 뿐 젊은 나이였음에도 책을 많이 읽어서인지 생각이 깊고 반듯했다. 내가 아무리 어리숙한 질문을 해도 형은 진지하게 들어줬다. 나 역시 명쾌한 답을 원했던 것은 아니었다. 내 고민을 비웃지 않고 진지하게 들어줄 누군가를 얼마나 간절히 바랐는지 형을 만나고 나서야 비로소 깨달았다.

내 고민을 다 듣고 나면 그는 "이 책 한번 읽어봐. 도움이 될 것 같아"라며 책을 추천하거나 "한의원에 있는 책 중에 읽고 싶은 게 있으면 얼마든지 갖고 가서 읽어도 좋아"라며 책장에 꽂혀 있는 책을 빌려갈 수 있도록 허락해줬다. 그리고 읽은 책에 대해 대화할 수 있는 '벗'이 돼줬다. 책을 읽고 혼자 곱씹거나 사색하느라 외로웠던 나는 형과 함께 책을 주제로 생각을 확장해가는 시간이 몹시 즐거웠다. 형은 내가 미처 생각지 못했던 이야기를 어렵지 않은 말로 설명해주면서 책의 깊이와 넓이를 더해줬다. 나는 다음 진료일까지 기다리지 못하고 수시로 한의원을 드나들었지만 형은 예의 그 잔잔한 미소와 편안한 얼굴로 나를 반겨줬다.

1년 넘게 지속된 형과의 만남을 통해 나는 몸뿐 아니라 마음까지 치유할 수 있었다. 매우 아름다웠던 내 인생 최초의 멘토가 지금의 나를 본다면 어떤 표정을 지을까. 오랜만에 그분께 연락을 드리고 싶다.

삶을 바꾼 만남

노래 강사로 일할 수 있을까 싶어 녹음실을 드나들던 때 보았던 녹음실 실장님은 당시까지 내가 본 최고의 매력남이었다. 연예인 못지않은 빼어난 외모에 언변이 뛰어나고 친화력도 대단했으며 자신감도 충만해 사람들 사이에 인기가 많았다. 외모부터 성격까지 나와 모든 면에서 다른 그를 볼 때마다 감탄이 절로 나왔다.

왜였는지 실장님은 나에게 퍽 친절했다. 당시 체력이 약해 5분을 채 서 있지 못하는 나를 위해 늘 의자를 마련해줬고, 경력이 일천했지만 오디션 심사뿐 아니라 연습생 트레이닝까지 많은 기회를 줬다. 비록 임금은 턱없이 낮았지만 세상에서 나를 인정해주는 유일한 공간이 녹음실이어서 늘 즐거운 마음으로 다녔다.

하루는 신문을 보던 실장님이 "내 친구 중에 엄청나게 똑똑한 녀석이 있어. 지금은 유명하지 않지만 장담하건대 머잖아 분명 크게 될 놈이야"라며 이지성 작가의 이야기를 종종 했다. 그때만 해도 이지성 작가는 무명의 초등학교 교사였다. 그의 책을 읽고 난 뒤 만나고 싶다며 전자메일을 보냈더니 "학교로 와라"며 답장이 왔다.

직접 본 그는 장발이 인상적인 '동네 형'이었다. 처음에는 형이라 불렀다. 지금 생각해도 고마운 것은 내가 소심한 성격 탓에 먼저 연락하지 못해도 이지성 작가가 수시로 연락을 해왔다. 가끔 만나면 자장면도 사주고 이런저런 이야기도 들려줬다. 하지만 당시는 내가 배움이 짧아 그의 말을 모두 알아듣지 못했다. 많이 읽고 깊이 사색한 그의 언어들은 내 마음에 와 닿지 못하고 힘없이 흩어졌다.

그가 다짜고짜 "한 달에 책을 얼마나 읽니?"라고 물었다.

"일고여덟 권 정도요."

내 주변에는 책 읽는 사람이 워낙 없어 상대적으로 나는 적게 읽는 편이 아니었다. 그래서 조금은 목소리에 힘을 실어 대답했다. 칭찬까지는 기대하지 않았지만 그렇다고 핀잔을 들을 줄은 몰랐다.

"한심한 놈. 한 달에 서른 권을 읽지 않으면 나한테 연락하지 마."

예상치 못한 대답을 듣고 잠시 놀랐지만 자존심이 상했다. 일고여덟 권과 서른 권의 차이가 뭐길래 저토록 잘난 체하나 싶어 '까짓 읽어보지 뭐' 오기가 발동했다.

짬이 생길 때마다 책을 읽었다. 컴퓨터를 부팅하는 사이, 엘리베이터나 지하철을 기다리는 사이 등 초 단위의 시간이라도 생기면 무조건 읽었다. 그러면서 일상에서 허투루 보내는 시간이 의외로 많다는 것을 깨달았다. 자투리 시간 동안 꽤 많은 책을 읽었다. 하루 24시간을 1초 단위로 쪼개 쓰는 시간 관리법도 자연스럽게 익히게 됐다.

그해 봄날 이지성 작가의 《꿈꾸는 다락방》이 출간됐다. 신간이 나왔다며 내게도 한 권 선물로 주었다. '생생하게 꿈꾸면 이루어진다'는 부제가 한눈에 들어왔다. 마치 나를 위한 메시지 같아서였는지, 아니면 저자로부터 직접 책을 받아본 게 처음이어서였는지 너무 고맙고 설렜다. 나는 무릎을 꿇고 두 손으로 책을 받았다.

"잠깐 우체국에 들르자. 소포 부칠 게 있어. 잠시면 되니까 여기서 기다려."

이지성 작가가 볼일을 보는 사이 나는 우체국의 소파에 앉아 《꿈꾸는 다락방》을 읽었다. 책장이 쉽게 넘어갔다. 성공의 법칙을 실천해 삶을 변화시킨 사람들의 스토리는 위력적이었다.

> 지금 당신이 성공한 인생을 살고 있지 못하는 까닭은 당신이 성공을 믿지 않았기 때문이다. 하루에 30분씩 마음속으로 이미 성공한 자신의 모습을 생생하게 그려라. 그러면 진짜로 성공한다.

책 속의 문장들이 내 심장으로 달려와 사정없이 찔렀다.

'내가 많이 안다고 생각하고 들었을 때는 신경도 안 쓰이던 문장들이 내 정신을 강타하고 내 심장을 조이는 메시지였다니!'

시간 가는 줄도 모르고 책 속으로 빠져들었다. 한참을 읽다가 정신을 차리고 고개를 돌려보니 이지성 작가가 보이지 않았다. 나를 두고 혼자서 가버린 것은 아닌가 싶어 두리번거렸더니 그가 내 뒤에서 나를 가만히 지켜보고 있는 것이 아닌가.

"왜 그냥 계셨어요? 일 다 보셨으면 저한테 말씀을 하시지 그랬어요."

"기다렸다. 가능성 있는 놈이 책을 읽고 있는데 방해할 수 있나."

얼마나 멋진 사람인가. 이지성 작가를 만나는 동안 그의 호칭은 수년에 거쳐 형에서 형님으로 바뀌었다. 그와 이야기를 나누면 나눌수록 느끼는 바가 크고 챙겨주는 마음이 너무 고마워 형님이란 말이 자연스럽게 나왔다.

그리고 4년 뒤에는 '스승님'으로 '격상' 됐다. 내가 노력하고 성장할수록 그가 얼마나 열심히 살았는지 명확하게 깨달았기 때문이다. 그가 오늘의 성공에 이르기까지 얼마나 치열하게 노력했는지, 외롭고 긴긴 자신과의 싸움을 얼마나 맹렬히 버텨냈는지 말이다. 그는 《꿈꾸는 다락방》의 부제처럼 나보다 먼저 책 읽기를 통해 간절한 꿈을 이루고 삶을 바꾼 인생의 선배였다. 정말 쑥스러웠지만 스승님이라 불러야 마땅하다고 생각했다.

나는 이지성 작가를 가까이서 지켜보면서 나의 무지를 훨씬 더 많이 깨뜨렸다. 첫 만남 뒤로 줄곧 엄청나게 혼나고 무너지고 깨졌지만 그게 모두 나의 성장을 자극하고 응원해서라는 것을 잘 안다. 《명심보감》을 보면 '내가 잘못됐다 잘못됐다 하면서 바로잡아주는 사람이 곧 내 스승이다' 라고 했다. 이지성 작가에게는 늘 감사할 따름이다.

왕초보 영어 강사의 탄생

"인내 없는 열정은 광기에 불과하다."
― 토마스 홉스 ―

어린 날 기억 속의 우리 집은 부유했다. 아버지는 호탕했고, 엄마는 화사했다. 친구들과 선생님, 주변 사람들은 내게 다정했고, 내 삶은 바랄 것 없이 풍요로웠다. 그게 당연한 줄 알았고, 언제까지나 그럴 줄 알았다. 하지만 동화는 계속되지 않았다.

일상에 균열이 생긴 것을 확인하기까지는 서서히 진행됐지만 무너지는 것은 한순간이었다. 이사를 거듭할수록 집은 좁아졌고 차츰 서울의 외곽으로 이동하더니 나중에는 아예 서울 밖으로 밀려났다. 아버지의 어깨가 축 늘어졌고 엄마의 한숨이 늘었다. 그럴수록 나는 더 내 안으로 숨었다.

만일 내가 삶과 죽음의 경계를 오가는 경험을 하지 못했다면 어떤 모습으로 살고 있을까? 지독한 투병기를 거치면서 분명 나는 몰라볼 만큼 달라졌다. 천성은 바꾸기 힘들어서 여전히 소심하고 내성적이기는 하지만 전에 없던 독기가 생긴 것은 분명하다.

아니, 곰곰 생각해보면 내 안에 근성이 숨어 있긴 했다. 어려서부터 보기보다 힘이 좋아 몸을 부딪치며 싸우는 거친 운동을 좋아했고 제법 잘했다. 한바탕 몸을 구르며 싸우고 나면 평소에 느낄 수 없었던 근육의 긴장감, 폐의 거친 움직임, 심장의 기운찬 박동과 함께 격렬한 떨림이 온몸으로 번져 기분이 상쾌해졌다. 가끔 마주치는 강한 내 모습이 낯설었지만 싫지 않았다.

칭찬은 나의 힘
:

투병기를 거치고 밖으로 나왔더니 세상은 달라졌고 나도 변해야 했다. 무엇보다 돈을 벌어야 했다. 건강이 허락하지 않아 일하는 데 제약이 많았지만 전처럼 노래를 가르치는 일은 자신 있었다. 녹음실을 찾아가 면접을 보고 이전 경력을 내세워 자리를 마련하고 나니 슬슬 다른 욕심이 생겼다.

'노래를 가르치는 것도 좋지만 직접 부르면 더 재미있게 돈을 벌 수 있지 않을까?'

일단 목표가 생기니 다시 마음이 급해졌다. 노래할 수 있는 라이브 바가 보이면 목소리를 가다듬고 무작정 들어가 우렁차게 인사를 했다.

"노래를 하고 싶습니다!"

호감 있는 첫인상을 주기 위해 나름대로 씩씩한 척, 밝은 척 연기를 했다. "가수 안 구해요"라며 외면하던 가게주인도 내가 호기롭게 "일단 노래나 들어보신 뒤 생각해보세요"라며 즉석에서 노래를 부르면 관심을 가졌다. "노래는 잘하시네. 한번 해보시던가요"라며 승낙이 떨어지기까지는 오래 걸리지 않았다.

딱 거기까지만 좋았다. 노래를 부를 수 있다는 사실에 들떠 처음에는 자신감 있게 무대에 서지만 얼마 못 가 어김없이 본래 모습이 드러났다. 무대는 노래만 하는 자리가 아니었다. 인사부터 적절한 멘트도 곁들이며 그야말로 연기를 제대로 해야 손님들의 호응을 얻을 수 있었다. 끼도 없고 요령도 없던 나는 갈수록 위축됐고, 나중에는 목소리도 기어들어가 노래도 온전히 부르기 힘들어졌다. 결국 두 달쯤 지나 쫓겨났다.

평소 가요를 즐겨 불렀지만 라이브 바에서 일하면서는 팝송도 불러야 했다. 녹음실 실장님이 팝송을 많이 들으라고 조언했지만 귀담아듣지 않았다. 익숙하지 않았던 탓에 듣는 곡마다 비슷하게 느껴졌고 가수들의 목소리도 그다지 매력적으로 들리지 않았다. 듣는 귀가 열리지 않았던 탓인데 나는 노력조차 하지 않은 것이다. 하지만 라이브 바에서 불러야 하는 레퍼토리에는 팝송도 포함돼 있었기 때문에 어쩔 수 없이 불러야 했다. 영어 공부를 하기 전이어서 가사를 읽기도 어려웠고 발음도 서

'노래 말고도 잘하는 게 있다니!'
칭찬을 듣자 온몸에 아드레날린이 활개를 치면서 자신감이 솟구쳤다.
더 잘하고 싶은 욕심이 자꾸 부풀었다.

툴렀다.

주로 올드팝을 불렀다. 처음에는 영어 가사를 '아이 윌 올웨이즈 러브 유' 같이 한글로 옮겨 적어 불렀는데 내가 듣기에도 영 어색하고 실력이 형편없이 느껴졌다. 다른 것은 몰라도 노래만큼은 잘 부른다고 자부했는데 팝송을 못 불러 절절 매는 내 꼴을 보는 게 자존심 상했다. 안 되겠다 싶어 집중해서 노래를 듣기 시작했다. 땀이 날 정도로 고도의 집중력을 발휘해 거듭 듣다 보니 어느새 노래가 '들리기' 시작했다. 가수의 목소리, 창법, 발음 등이 조금씩 들리자 팝송의 매력을 금세 알아차렸다.

그리고 우리말과 영어의 발음이 다르다는 사실을 알게 됐다. 영어 공부를 본격적으로 시작하지 않은 때여서 그 차이를 구체적으로 알지 못했지만 발음의 차이가 신기하게 느껴져 들리는 대로 반복해서 따라 불렀다. 그러자 서서히 발음이 달라졌다. 발음에 주의를 기울이다 보니 재미있기도 했다. 영어 공부를 제대로 해보고 싶어졌다. 다른 사람들은 어떻게 공부하는지 궁금해 영어 동아리에도 나가보았다. 그때 "어머, 발음이 참 좋으시네요"라는 말을 들었다. 깨닫지 못했는데 무작정 팝송을 듣고 따라 부른 게 효과가 있었던 모양이었다.

'노래 말고도 잘하는 게 있다니!'

칭찬을 듣자 온몸에 아드레날린이 활개를 치면서 자신감이 솟구쳤다. 더 잘하고 싶은 욕심이 커졌다.

좌충우돌 원서 읽기

그날 이후 영어와 친해지기 위해 수단과 방법을 가리지 않았다. 가장 먼저 원서 읽기를 시도했다. 독서량을 늘리려고 열을 올리던 시기이기도 했지만 무엇보다 원서를 읽는 사람이 멋져 보였기 때문이다. 지하철에서 원서를 읽는 내 모습을 머릿속으로 그려보자 제법 그럴싸하게 느껴져 어깨가 으쓱해졌다.

처음 의욕적으로 구입한 원서가 시드니 셀던의 소설 《내일이 오면If tomorrow comes》이다. 하지만 첫 장부터 모르는 단어들이 쏟아져 나와 도무지 읽어 내려갈 수가 없었다. 책장을 덮고 난이도가 조금 낮은 책을 고르기 위해 고민하다 전날 감동 깊게 읽었던 《영혼을 위한 닭고기 스프Chicken soup for the Soul》의 원서를 발견했다. 내용을 이미 알고 짧은 글들로 이뤄진 터라 원서로 읽을 수 있겠다는 확신이 섰다. 하지만 당시 실력으로는 그 책도 무리였다. 역시 책장을 덮어야 했다.

냉정하게 숙고했다. 수준을 훨씬 웃도는 책을 붙들고 끙끙대본들 시간 낭비만 하겠다 싶어 아주 현실적으로 접근했다. 그렇게 찾아낸 책이 《빅 팻 캣Big Fat Cat》. "아무리 복잡해 보이는 문장도 결국 영어는 'A→B'다"라는 아주 중요한 원리를 그림과 함께 설명해놓았는데 읽을 만했다. 책이 얇은 것 역시 마음에 들었다. 서너 번 반복해 읽다 보니 원서 읽기에 대한 부담이 덜어지면서 조금씩 자신감이 회복됐다. 앞서 경험이 있기 때문에 무리하지 않는 선에서 난이도를 높여가며 원서를 읽어나갔다. 내용이 마음에 드는 책은 반복해 읽으며 영문과 친해지려 노력했다.

특히 지하철을 타면 자주 원서를 펴 들고 읽는 척을 했다. 책을 읽어야겠다는 목적보다 멋있어 보이려는 의도가 더 컸다. 아니나 다를까 효과가 있었다. 사람들이 힐끔거리며 쳐다보는 시선이 느껴졌지만 태연하게 읽는 척 연기했다. 이럴 때는 책에 몰입할 수가 없다. 머리는 사람들의 시선을 의식하느라 바쁘고, 오직 눈으로만 멀뚱멀뚱 글자를 좇았다. 내 속도 모른 채 가끔 "젊은이가 참 열심히네"라며 칭찬해주시는 어른들을 만나면 쑥스럽기도 했다.

반복 읽기는 내가 여러 사람들에게 권하는 방법이다. 내가 경험해봐서 그 효과를 잘 안다. 초보자들이 초래하는 실수 가운데 하나가 처음부터 내용을 완전하게 파악하려고 무리를 한다는 점이다. 솔직히 우리말로 기술된 글도 단어 하나하나를 따지면서 읽는 사람은 드물다. 영문도 마찬가지다. 처음에는 해석이 안 되더라도 자꾸 읽는 것이 중요하다. 반복해 읽다 보면 점점 영문이 눈에 익숙해지면서 자연스럽게 내용이 파악되기 시작한다. 머리와 마음 속에 동시에 불이 번쩍 켜지듯, 단어의 사전적 정의가 아닌 문장 속에서 의미가 파악되는 순간이 온다.

또 하나, 소리 내 읽기도 영어 공부의 좋은 방법이다. 자신의 발음을 의식해 들을 수 있고 꾸준히 연습하면 회화에 대한 자신감도 생긴다. 나는 하루에 40분에서 한 시간 정도를 투자해 《목적이 이끄는 삶 Purpose driven life》을 소리 내 읽었다. 분문 중간 중간 인용된 성경 구절을 제외하면 내용이 분명하고 어렵지 않아 초보자가 학습 단계에서 읽기에 적합했다. 영어 공부 차원에서 억지로 읽었지만 내용이 어느 정도 가늠되자 문장마다 나를 돌아보게 하는 감동으로 다가왔다.

왕초보만 모십니다

원서 읽기에 재미가 붙자 이어 회화 공부를 위해 서울 여행에 나섰다. 솔직히 이마저도 나에게는 도전이었다. 체력이 회복되지 않은 탓에 집에서 멀리 나가는 것이 두려웠다. 체력적으로도 심리적으로도 부담이 덜한 서울 시내를 돌아다녔지만 도보로 다녀야만 볼 수 있는 서울의 구석구석을 둘러보는 재미가 쏠쏠했다. 지하철로 이동해 대부분 도보로 돌아다니다 보니 체력도 나날이 좋아지는 게 실감됐다. 그리고 저렴하면서도 맛있는 식당도 그때 많이 발견했다.

일부러 외국인들이 많은 곳을 찾아 다녔다. 인사동, 경복궁, 이태원 등지로 가서 외국인 관광객들에게 다가가 몇 개 안 되는 영어 단어로 가이드를 해줬고, 이태원으로 가서 지도를 펴놓고 두리번거리는 외국인을 보면 자처해 길을 안내하기도 했다.

아무에게나 다가가 말을 거는 일은 상당한 용기가 필요하지만 타지에서 길을 찾는 외국인을 도와주는 것은 부담이 훨씬 덜했다. 내가 먼저 다가가 말을 걸면 오히려 그들이 더 반가워했기 때문에 자신감도 더 생겼다. 길을 알려주는 데는 유창한 영어가 필요하지 않았다. 길 정보만 조금 가르쳐줘도 그들은 대단히 고마워했다. 회화 테이프에서만 듣던 "Thank you"를 원어민에게서 직접 들었을 때의 경이로움이란!

무엇이든 처음 시도하기까지가 가장 어려운 법이다. 일단 외국인들과 몇 마디를 나눠보고 나니 영어에 대한 막연한 공포가 사라졌다. 아주 영어를 잘하지 않는 이상 한국사람이 원어민과 같을 수는 없다. '어차피 그들도 내가 한국사람이라는 걸 알잖아. 의사소통만 가능하면 되는 거 아냐?' 라고 생각하니 외국인 앞에서도 마음이 한결 편했다. 발음, 문법 따위에 주의를 덜 기울이니 오히려 자연스럽게 말이 나왔고 영어 울렁증도 줄어들었다.

하루는 외국인 친구와 금요일 저녁에 홍대 클럽으로 가기로 약속했다. '클럽'이란 말을 듣는 순간부터 가슴이 뛰면서 긴장되기 시작했지만 여기서 멈춘다면 나의 도전에 제동이 걸릴 수 있어 용기를 냈다. 클럽 문화에 문외한인 내가 "열두 시쯤엔 집으로 돌아갈 수 있는 거지?"라고 순진하게 물었더니 외국인 친구가 놀랍다는 듯이 "장난해? 클럽은 새벽 한 시부터 본격적으로 시작해"라며 면박을 줬다.

막상 약속은 했지만 겁이 났다. 약속한 금요일이 하루하루 다가오자 슬슬 증세가 나타나기 시작했다. 수요일부터 소화불량이 나타나더니 당일에는 거의 울 지경에 이르렀다. 새로운 세계로의 진입을 앞두고 불안감이 극심해진 탓이었다. 하지만 내가 도전하지 않으면서 다른 사람들에게 도전하라고 말할 수 없지 않은가. 여기서 포기해서는 안 됐다.

아니나 다를까 클럽에 들어서니 온몸이 얼어붙고 말았다. 한두 시간을 송장처럼 서 있었다. 시간이 다소 지나자 조금씩 긴장이 풀리면서 클럽 내부를 둘러볼 여유가 생기고 음악이 들렸다. 음악에 맞춰 몸을 흔들흔들 움직여보았다.

'이깟 것 때문에 그렇게 긴장했다니 부끄러운걸. 이쯤 했으면 됐어. 이번 도전 성공.' 바깥으로 나왔다. '별거 아니잖아.' 그제야 피식 웃음이 나왔다.

누구나 경험하지 않은 미지의 것에 대해서는 불안감을 느끼게 마련이다. 막상 부딪쳐보면 별것 아니라고 느낀 적 있을 것이다. 중요한 것은 불안감 앞에서 포기하느냐 도전하느냐다. 물러서지 말고 불안에 맞서는 사람만이 성공할 자격이 있다. 클럽 체험 덕분에 나는 앞으로 어떤 도전의 순간이 오든 맞설 자신감을 얻었다.

영어 읽기나 말하기가 조금 자연스러워지자 내 생각을 영어로 표현하고 싶어졌다. 그래서 유료 스터디에 참가했다. 외국에서 생활했다는 강사의 영어 실력은 매우 유창했다. 하지만 가르치는 실력은 의심스러웠다. 수업 시간 내내 강사의 영어만 '구경'한 기분이었다. 전처럼 혼자서 공부하는 게 낫겠다 싶어 다시 영어 교재들을 살펴보고, 또 생각나는 대로 영어를 중얼거렸다. 틀린 영어를 구사했지만 이 과정을 꾸준히 이어갔다. 가끔은 내가 제대로 공부하는 것인지 의심스럽기도 했지만 포기하지 않고 계속했다.

독학의 어려움은 여러 가지가 있겠지만 동기 부여를 찾고 긴장감을 잃지 않는 것도 중요한 과제다. 내가 시도한 방법은 무료로 영어회화를 가르치기 시작한 것이다. 2005년 3월에 독학으로 영어를 공부하기 시작해 6개월 만에 강의를 시작했다고 하면 사람들이 의심스럽게 쳐다보지만 사실이다. 실력이 뛰어나서라기보다 내가 공부할 환경을 만들기 위한 방편이었다. 그래서 공짜로 가르쳤다. 인터넷 카페 게시판에 글을 올려 신청을 받았다.

"6개월 공부한 왕초보지만 영어에 감을 조금 잡았습니다. 왕초보만 연락 주세요. 공짜로 알려주겠습니다."

다른 사람을 가르치려면 내가 더 공부해서 준비해야 하는 만큼 학습 효과가 좋았다. 가르치는 사람도 왕초보를 갓 벗어난 수준이었고 배우는 사람도 왕초보로서 영어로 간단한 문장을 구사할 수 있는 정도를 바랐다. 서로 욕심이 크지 않았던 만큼 수업 과정은 어렵지 않았다. 다만 무료인 탓에 의무감이 없어서였는지 한두 번 수업을 듣다 그만두는 사람들이 많았다.

그래서 전략을 바꿔 한 번에 1만 원을 받고 가르치기 시작했다. 당시 자극을 받은 문장이 "진짜가 되려면 진짜인 척해라"는 것이었다. 이 문장을 본 순간 영어를 가르치겠다고 나선 이상 제대로 덤벼봐야 하지 않겠느냐는 계시처럼 느껴졌다. 이후 보다 철저히 수업 준비를 했다. 그랬더니 영어 실력도 급격히 향상되더니 신기하게도 걷는 속도, 말하는 속도 등 삶의 속도까지 빨라졌다. 한번 붙은 속도는 쉽사리 멈추지 않을 것 같았다.

내가 가면 길이 된다

역삼역 부근에서 근무하는 회사원을 가르친 적 있다. 업무 차원에서 영어를 공부하려던 사람이었는데 그와 두세 달 함께하는 동안 나도 영어 공부를 많이 했고, 가르치는 일에 대한 노하우도 제법 익힐 수 있었다.

그는 퇴근 이후에나 시간이 났다. 내가 저녁 6시 무렵 역삼역 근처로 가서 그를 만났다. 주로 역삼역에서 강남역까지 걸어 다녔다. 역삼역 입구에서 올라와 길을 걷다 보면 퇴근하는 직장인 무리와 마주쳤다. 다들 하루 일과를 마치고 귀가하기 위해 지하철역으로 바삐 걸음을 옮기는데 나는 일을 하기 위해 그 무리를 뚫고 반대로 걸어가야 했다. 쑥스러운 한편 외로웠다. '나도 저들 사이에 같이 있었으면' 하고 바랐던 적이 얼마나 많았던가. 배 아프도록 그들이 부러웠다.

하지만 그런 생각이 들 때마다 주먹을 불끈 쥐고 두 다리에 힘을 주고 섰다. 드라마에서 얼핏 들은 "내 길은 내가 만든다"를 되뇌며 최면을 걸었다. 한참을 그렇게 곱씹다 보니 어느 순간 "내가 가면 길이 된다!"로

문장이 바뀌어 있었다. 오직 나만 할 수 있는 일! 비록 구체적이지는 않았지만 분명 나는 그것을 향해 느린 걸음으로 한 발 한 발 내딛고 있음을 확신했다.

그러던 중 읽던 책에서 '좋아하는 일을 하라'는 문장을 발견했다. 평범해 보이는 이 문장이 그때는 계시처럼 느껴져 책 읽기를 멈추고 생각에 잠겼다. 그런데 '내가 좋아하는 일이 뭐지?'라는 질문만 돌아왔다. 내가 나를 잘 모르고 있었다.

이후 주변 사람들에게 "무엇을 좋아하세요?"라고 묻고 다녔다. 하지만 질문의 방식이 잘못됐는지 다들 의도를 알아듣지 못해 내가 원하는 답을 얻지 못했다. 그럴수록 내가 좋아하는 일이 궁금했다.

책에는 '좋아하는 일을 하라'는 주문 외에도 '후회하지 않는 일·잘할 수 있는 일·의미 있는 일'을 하라고 열거돼 있었다. 몇 개월에 걸쳐 내가 좋아하고 잘하는 일을 직업으로 삼아 사람들과 더불어 함께 행복할 수 있는 의미 있는 일이 뭘까 고민했다. 머릿속에 떠오르는 대로 목록을 정리하고 지워내기를 거듭한 결과 최종적으로 '영어·독서·노래·건강·마음 관리' 다섯 가지가 남았다. 숙고한 결과인 만큼 앞으로 이 다섯 가지 일에 집중해 살기로 다짐했다. '각각을 잘하는 사람은 많지만 나는 이 다섯 가지를 모두 잘하는 유일한 사람이 되겠어'라고 결심하자 마음이 비장해졌다.

반년 동안 국적을 가리지 않고 80여 명의 외국인을 만났다. 개중에는

마침내 좋아하는 일, 후회하지 않을 일, 잘할 수 있는 일, 의미 있는 일을 찾았다!
비록 느린 걸음이지만 나는 오직 나만 할 수 있는 일을 향해 내딛고 있음을 확신한다!

몇 번 만나면서 조금 가까워진 사람도 있었다. 하루는 한 외국인이 "왜 한국사람들은 영어를 전혀 못해요? 길을 물어보고 싶어도 다들 도망가요. 영어가 그렇게 두려워요?"라고 진지하게 물었다. 한두 번 듣는 말이 아니었지만 그날따라 유난히 한국사람으로서 부끄러웠다. 동시에 내가 무엇을 해야 하는지 분명하게 깨달았다.

'그래, 한국의 왕초보들에게 영어를 가르치자. 내 경험을 살리면 누구보다 쉽고 효율적으로 가르칠 수 있을 거야. 다른 영어강사들은 배우려는 사람들이 무엇을 필요로 하는지 정확하게 간파하지 못해. 한국 환경에서 나고 자란 사람들의 처지를 제대로 이해하지 못하고 자기 실력만 뽐내는 강사보다 나처럼 왕초보들이 실패하는 공부 습관과 오해의 지점을 명확하게 아는 사람이 더 잘 가르칠 수 있을 거야. 그래, 한국사람들이 더 이상 영어 때문에 무시당하지 않도록, 영어 때문에 쫄지 않도록 해보겠어!'

마침내 '영어 연수, 나는 한국에서 한다!'라는 모토를 내걸고 영어를 가르치기 시작했다. 2010년 5월 무렵 강남에 사무실을 열어 스터디 모임처럼 운영했다. 그리고 1년이 채 지나지 않아 정식 학원으로 등록했다. 한국의 영어 왕초보들이 영어 때문에 스트레스 받지 않고 위축되지 않기를 바라며 내 역할을 진지하게 고민했던 첫 마음 그대로 한국사람에게 꼭 맞는 영어 학습법을 개발하고 잘 가르치는 방법을 찾기 위해 지금도 꾸준히 공부한다. 이제까지 영어 공부법에 관한 책만 300권 이상 읽었다.

　불과 몇 년 전만 해도 막연해 보이던 꿈이 조금씩 모양새를 갖춰가는 것을 확인하며 살리라고 상상조차 하지 못했다. 보통 사람들의 평범한 일상을 부러워하던 게 엊그제 같기만 하다. 믿기지 않는 오늘의 이 행복이 가슴 벅차게 감사하다.

우리들의 행복한 시간

> "현명한 사람은 모든 것을 자신의 내부에서 찾고,
> 어리석은 사람은 모든 것을 타인들 속에서 찾는다."
> — 공자 —

'이젠 죽지 않겠구나!'

2007년에서야 비로소 죽음에서 해방된 안도감을 느꼈다. 그전까지는 언제든 지옥 같은 때로 돌아갈지 모른다는 불안감 때문에 단 하루도 마음이 편하지 않았다. 누구보다 부지런히 책을 읽고 영어강사로도 열심히 살았지만 수시로 '이게 다 부질없는 짓 아닐까' 하는 회의가 엄습하곤 했다. 다시 예전같이 아파진다면 지금까지 노력한 수고가 허사가 되고 말지 모른다는 생각으로 괴로웠다. 하지만 2007년쯤 돼서야 악몽에 시달리지 않게 되고 마음의 평안을 얻었다. 더 이상 바랄 게 없이 기뻤다.

하지만 사람의 마음이 참으로 가볍다더니 내가 그랬다. 2009년쯤엔 짧은 소매의 상의를 입을 수 있을 만큼 아토피가 호전됐고 체력도 많이 회복됐으며, 2010년엔 목 부분에만 아토피의 흔적이 조금 남았다. 상황이 최악이던 때와 비교하면 기적 같은 일이었지만 이후 회복 속도가 더뎌지니 마음이 급해졌다. 완벽하게 치유하기 위해 음식 섭취에 대단히 신경 썼고, 명상으로 마음의 평정을 지키기 위해 노력했으며, 건강한 체력을 유지하기 위해 꾸준히 운동했다.

이전보다는 덜하지만 지금도 여전히 긴장을 한다. 완치되지 않았기 때문에 스스로 방심하거나 나태해지지 않도록 주의한다. 불완전한 것이 무조건 나쁜 것은 아닌 듯하다. 나의 성장에 박차를 가할 동기가 돼준다. 그리고 '나의 개인적인 경험이 누군가에게 도움이 될 수 있지 않을까?'를 고민하게 됐다. 노래와 영어를 가르친 과정도 불완전한 실력이었지만 눈높이를 맞추고 진심으로 임했듯이 다른 것은 몰라도 내게 손을 내미는 사람들에게는 진정으로 다가갈 자신은 있었다.

양심에 묻다
⋮

아토피 증상이 호전된 뒤 전날 다녔던 피부과 의사를 찾아갔다. 묻고 싶었다. 나에게 스테로이드제를 처방하면서 완치를 확신했던 게 진심이었는지, 갈수록 악화되는 상태를 보면서도 입장을 바꾸지 않고 처방의 강도를 높여갔던 것은 전문가의 양심에 따른 결정이었는지 궁금했다. 하지만 의사는 도리어 나에게 화를 냈다.

"의료 행위는 의료인의 고유 권한이다!"

내가 듣고 싶었던 대답은 그런 게 아니었다. 미안하다는 사과까지 기대하지는 않았지만 의사의 태도는 적이 실망스러웠다. 예전의 나처럼 의료인의 처방만 믿고 스테로이드제를 처방받는 아토피 환자가 여전히 많다. 물에 빠진 사람의 심정으로 지푸라기라도 잡고 싶어 하는 환자의 절박한 처지에서는 의사의 한 마디 한 마디에 전적으로 기댈 수밖에 없다. 의사들이 환자의 불안한 심리를 이해하고 환자를 대했으면 하는 바람이 있다. 현재 의사이거나 의사를 지망하는 분이라면 "나에게 중요한 것은 의사가 되는 것일까, 의사 같은 사람이 되는 것일까?"라고 자문해 주길 부디 당부한다.

생각보다 자신의 이득을 위해 타인을 '이용' 하는 사람이 많은 듯하다. 의사도 그랬지만 방송 출연 경험도 안타까움이 많이 남았다. 교통사고로 화상을 입었지만 강인하고 긍정적인 자세로 육체적·심리적 상처를 극복하고 사람들 앞에 과감하게 자신을 드러낸 이지선 씨의 책 《지선아 사랑해》를 읽으며 그의 용기와 의지, 강인함에 깊이 감동했다. 동시에 '나는 어떻게 살고 있지? 어떻게 살아야 할까?'를 부끄럽게 반성하고 고민했다.

마침 그 무렵 한 방송사에서 방송 출연 섭외를 받았다. 예전 같으면 두 번 고민하지 않고 거절했을 것이다. 스테로이드제 부작용 때문에 외모가 많이 달라졌고 얼굴에서 웃음기도 사라진 뒤였으며, 피부색은 여전히 울긋불긋해 남 앞에 나서기가 부끄러웠다. 소심한 성격도 문제였지만 외모에 대한 자신감까지 잃어 사람들 앞에 나를 드러내기가 내키지 않았다. 이지선 씨의 책을 읽지 않았다면 결코 용기를 내지 못했을 것이다.

'여자인 그분도 당당하게 사람들 앞에 나서는데 나는 지금 왜 주저하는 걸까? 내 경험도 사람들에게 조금이나마 도움이 될지 모르잖아.'

결심이 서자 망설일 시간이 없었다. 방송 담당자에게 전화해 출연하겠다고 의사를 밝혔다. 한 가지 우려했던 점은 내 삶이 지나치게 우울하게 비치지 않기를 바랐는데, 스테로이드제 부작용으로 죽을 고비를 넘기고 고난 속에도 성실하고 희망차게 영어, 독서 등으로 시련을 극복하며 살아가는 청년의 건강한 삶을 따뜻하고 긍정적으로 보여주자는 기획 의도가 마음에 들었다. 죽을 고비를 넘기고 살아났으니 앞으로는 나를 위해서만 살 게 아니라 나를 보고 누군가가 희망을 갖게 되기를 진심으로 바랐다.

촬영은 이틀 정도 진행됐다. 첫 방송 경험이라 많이 긴장됐지만 솔직하고 자연스럽게 행동하면 그대로 카메라에 담겠다는 제작진을 믿고 지시대로 응했다.

드디어 방송이 나가는 날, 온 가족이 모여 텔레비전 앞에 앉았다. 편집된 영상을 처음 보는 것이었기 때문에 무척 궁금하고 기대됐다. 어릴 적 불렀던 "텔레비전에 내가 나왔으면 정말 좋겠네 정말 좋겠네……"

라는 노래가 절로 흥얼거려졌다.

　하지만 방송 시작과 함께 고개를 갸웃했다. 방송 내내 배경음악은 우울했고, 나는 인생을 포기하다시피 한 낙오자, 폐인으로 그려졌다. 내 일상을 촬영한 것이 분명한데 영상으로 보이는 나는 내가 아니었다. 사전 미팅에서 들었던 기획의도와는 달라도 너무 달랐다. 요즘 유행하는 말로 '악마의 편집' 그 자체였다. 잔뜩 흥분했던 가족들도 충격과 실망으로 말을 잇지 못했다.

　방송 이후 후유증이 컸다. 사람이 무서웠다. 무슨 의도로 한 사람의 인생을 극악하게 왜곡했는지, 이 같은 결과에 대해 죄책감을 느끼는지 묻고 싶었다. 외출하기도 겁이 났다. 혹시라도 방송을 본 사람들이 나를 알아볼까봐 불안했다. 내 딴에는 최선을 다해 살고 있지만 이런 노력조차 다른 사람들에게는 절망적으로 비칠까봐 두려웠다. 전문가들에 대한 불신도 깊어졌다. 극복하기까지 꽤 오래 걸렸다.

　시간이 한참 지나 읽었지만 김애란 작가의 《두근두근 내 인생》은 눈물 없이 읽기 힘든 소설이었다. 많은 독자가 감동한 작품이지만 내게는 의미가 더욱 각별했다. 사실 불편하고 힘들어 단숨에 읽지 못했다. 슬픈 사연을 너무도 유쾌하고 아름답게 풀어내 더욱 가슴 아팠다.

　조로증에 걸린 주인공 아름이 삶을 마주하는 자세, 사람들에게 보내는 배려와 애정은 감동 이상이었다. 특히 가슴을 치며 읽었던 부분은 아름이 집안 형편으로는 더 이상 병원비를 마련할 길이 없다는 사실을 알고 자진해서 성금 모금 다큐멘터리 프로그램에 출연하면서 겪는 내용이었다. 피디와 작가의 대화를 엿듣고도 끝까지 촬영에 임하는 아름의 성숙한 태도는 지난날의 나를 돌아보게 했다.

　어떤 일이 눈앞에 닥쳐도 겉으로는 한결같이 담담하고 의연하게 맞서지만 어린 마음에 속으로 얼마나 많이 상처받고 피 흘렸을까 짐작하니 가슴이 미어졌다. 어린 아름의 짧은 생을 통해 삶은 결코 녹록치 않다는 사실을 다시금 확인했다. 그리고 죽을힘을 다해 절망을 버티는 사람들이 사람으로 인해 상처받지 않기를 진심으로 간절하게 바랐다.

나를 위한 선물

영어강사로 활동하면서 수입이 생겼지만 나를 위해 쓸 수 있는 형편이 안 됐다. 당장 아버지의 사업 부도 이후 늘어난 빚부터 해결해야 했다. 철들 무렵부터는 늘 집안이 어려웠던 탓에 가난이 지긋지긋했다. 돈이 없어 학업을 중단해야 했고, 노래 강사로 일할 때는 집에 쌀이 떨어져 도시락을 쌀 수조차 없었다. 돈을 벌면 하고 싶은 것, 갖고 싶은 것이 많을 줄 알았는데 정작 돈이 생기자 급한 불부터 꺼야 한다는 생각이 먼저 들어 무조건 아끼고 모았다. 부모님께 무엇을 바랄 처지가 못 됐다. 언제부터인가 내가 집안의 가장 역할을 하고 있었다. 그리고 내 힘으로 억대 빚을 거의 모두 갚았다. 어려웠지만 또 한 고비를 넘겼다.

그동안 지나치게 앞만 보며 달려온 탓일까, 안도감이 드는 한편 또 다른 목표를 세워야 한다는 강박증에 시달렸다. 긴장감을 잃지 않고 꾸준히 노력할 수 있는 목표와 함께 스스로 동기 부여를 마련하지 않으면 지금까지 쌓아올린 것을 한꺼번에 잃을지 모른다는 불안감이 수시로 들이쳤다. 하지만 고비를 넘겼다고 생각하자 그동안 누적된 피로감이 고개를 쳐들었다. 《독서 천재가 된 홍대리》를 탈고하고 나자 심신의 에너지가 바닥나 호전됐던 아토피 증상마저 재발했다. 더럭 겁이 났다.

무리하면 안 되는 줄 잘 알면서도 막상 일이 닥치면 앞밖에 볼 줄 몰랐다. 잠시라면 쉬면 큰일이 날 것만 같아 두려웠다. 하지만 아토피 증상이 악화되는 것이 더 무서웠다. '무조건 쉬자. 재충전이 얼마나 중요한지 책에서 봤잖아. 그동안 수고했어. 쉴 자격 있어'라고 스스로를 설득하는 데도 꽤 오래 걸렸다. 이후 일과 여유를 적절히 균형을 맞추며 살기 위해 노력했다.

사실 그동안 지나치게 나에게 인색했다. 하루는 내가 번 돈을 나를 위해 쓰고 싶었다. 나를 위한 선물이랄까. 하지만 아무리 고민해도 무엇을 사야 후회하지 않을지 떠오르는 게 없었다. 갖고 싶은 것은 많았지만 있어도 그만 없어도 그만이라는 생각에 돈이 아까워 지갑을 열 엄두가 안 났다. 작은 것 하나를 사는 데도 손이 떨렸다. 결국 먹는 것으로 해결했다.

'맛있는 것을 사먹자. 지금까지 돈이 없거나 아까워서 못 먹었던 것을 앞으로 하나씩 먹어보는 것도 나쁘지 않겠어. 건강에도 좋고 또 맛있는 것을 먹으면 행복해지잖아. 이보다 큰 보상이 어딨겠어.'

맛있는 것이라고 해봐야 고작 5,000원짜리에서 6,000~7,000원 단위로 가격대가 상향된 정도였다. 최근 물가가 크게 올라 외식비 부담이 커진 영향도 있지만 얼마 전부터는 비싼 식사도 허용한다.

그리고 한 달에 한 번씩 가족과 외식을 즐기기 시작했다. 수입의 10퍼센트는 무조건 가족을 위해 쓰기로 결심했다. 첫 가족 외식 때의 감격을 어떻게 설명할 수 있을까. 부모님이 진심으로 즐거워하시는 모습을 보는 게 얼마 만인지. 마음이 복잡 미묘했다. 기쁘고 뿌듯한 한편 '왜 진작 이런 계획을 세우지 못했을까' 하는 후회와 가난 때문에 서로 상처 입었던 시간이 한꺼번에 밀려와 서글펐다.

먹을거리로 어느 정도 보상을 받고 나자 제대로 된 선물을 갖고 싶었다. 오래 숙고한 끝에 자전거를 샀다. 힘껏 내달릴 때 느낄 수 있는 짜릿한 희열이 자전거를 타면 더 크게 다가왔다. 자전거로 쿠바를 여행하고 쓴 이창수 작가의 《원더랜드 여행기》를 배 아프게 부러워하며 읽었다. 그의 유쾌한 도전과 발랄한 시선, 건강한 유머가 나를 자극했다. '그보다 멋진 자전거 여행에 도전하고야 말리라!' 이를 악물고 다짐했다.

그리고 틈틈이 휴식을 취한다. 명상도 하고 느긋하게 산책도 하면서 팽팽하게 긴장한 신경과 스트레스를 푼다. 쉰다는 것을 죄악시했던 불과 얼마 전이 우습게 여겨진다. 휴식도 나아가는 행보의 중요한 과정임을 이제는 누구보다 잘 안다. 더 열심히 살기 위해 나에게 아낌없이 베풀어야 하는 선물임을 잘 안다.

내가 사는 이유

극심한 가난이 진저리치게 싫었다. 부모님을 탓한다고 바뀌는 것은 아무것도 없었다. 내 인생은 내가 책임진다고 결심하고 노력하자 달라졌다. 그리고 책 읽기를 통해 시야가 넓어지면서 세상에는 나보다 더 힘든 삶도 많다는 현실을 알게 됐다. 그들과 차이는 있겠지만 어쩌지 못하는 이유들로 고통받는 삶의 공포를 나 역시 잘 알기 때문에 가만있을 수 없었다.

'나의 소명은 무엇일까? 죽을 고비를 넘기고 살아났을 때는 반드시 내가 해야 할 일, 즉 소명이 있기 때문이 아닐까?'

이런 생각을 되풀이하며 책을 접하다 보니 고난이 왔을 때 고통을 잘 극복하고 이겨내는 것만으로도 다른 사람들에게 희망이 될 수 있음을 깨달았다. 고난이 왔다고 불평만 하고 있으면 죽을 때까지 같은 고난을 반복하게 된다. 나도 과거에는 가난, 투병, 대학 중퇴 등을 고통스럽게 생각했다. 하지만 성실하게 일하고 절약해 가난을 극복하고, 포기하지 않고 견딘 끝에 건강을 회복했으며, 나만의 경쟁력을 발견하고 꾸준히 노력해 실력을 갖추자 많은 사람들이 내게 '희망'을 물어오기 시작했다. 시간이 흐르면서 내 삶의 세부적인 내용은 조금씩 변하겠지만 내가 태어난 주요 이유, 즉 나의 소명은 앞으로도 이것이 아닐까 어렴풋이 짐작했다.

나는 수입이 생겼을 무렵부터 수입의 20퍼센트를 무조건 기부해왔다. 계기가 된 책이 《꽃으로도 때리지 말라》다. 이 책을 통해 나와 비교가 안 될 정도로 힘든 삶을 사는 어린 소년소녀들의 실상을 보고 충격을 받았다. 태어나면서부터 죽음의 위험에 무방비로 노출된 채 고통과 절망을 껴안고 사는 그들의 가슴 아픈 사정을 차마 외면할 수 없었다.

> 아무리 생각해도 이해가 가지 않습니다. 고릴라가 3백 마리 죽었다고 하면 연일 신문과 방송에서 떠들어대면서, 하루에도 수백 명씩 죽어가는 아이들에 대해서는 침묵하는 이상한 세상입니다.

고민 끝에 찾은 내가 할 수 있는 가장 쉽고 현실적인 방법이 기부였다. 나도 병이 진행 중이었던 탓에 장시간 비행기를 타고 아프리카로 날아가 봉사활동을 할 엄두가 안 났다. 당시 우리 집 사정도 위태로운 때였지만 기부로나마 돕고 싶었다.

지금도 학원 수입의 20퍼센트는 무조건 기부한다. 국내와 해외 아이들이 자립할 수 있도록 지원하고, 물이 필요한 곳에 우물을 파는 사업에도 참여한다. 스테로이드제를 중단했을 때 극심한 갈증 때문에 고생한 경험이 있어 우물 파기 사업을 알게 됐을 때 즉시 동참하겠다고 나섰다. (지역에 따라 차이가 있지만 우물 하나당 적게는 300만 원, 많게는 2,000만 원 정도의 비용이 든다.)

신기하게도 나의 성공을 위해서가 아니라 다른 사람들의 안전과 행복을 위해 마음을 쓰니 내 시야와 마음이 더 넓어지고 여유가 생겼다. 동시에 돈을 벌 수 있는 기회도 더 늘어났다. 과연 돈이란 무엇일까? 태어났을 때보다 가난한 사람은 없다. 우리는 누구나 맨몸으로 태어나 많은 사람들의 관심으로 자란다. 시각, 청각 등의 오감과 생명마저 선물받은 것이다. 이미 받은 것투성이인 인생이다. 그러니 내가 가진 것, 받은 것을 나누어야 한다.

나는 단지 돈이 흘러가는 통로에 불과하다. 내 돈을 나누는 것이 아닌 내게 잠시 주어지는 감사한 물질을 나도 쓰지만, 어딘가 또 필요한 곳으로 보내야 한다. 그래서 열심히 잘 벌어야 한다. 내가 돈을 버는 이유는 나와 내 가족의 행복, 그리고 전 세계 이웃들의 행복을 위해서임을 늘 명심한다.

영어학원도 지금까지 배운 것을 나누는 작업의 하나다. 학원에서 배운 뒤 우리 학원의 영어강사가 돼 꿈을 펼치는 사람들을 보면 내가 더 감사하다. 우리 학원 출신의 최초 영어강사는 김윤근 씨다. 주말마다 대구에서 올라와 수업을 들었다. 공무원 시험을 준비하다 포기하고 건축회사에 취직했다고 했다. 처음 학원을 찾아왔을 때 그는 영어 회화를 전혀 못하는 상태였다. 수업 방식이 신선하다며 놀라워하더니 금세 적응했다. 성실하게 노력하는 자세가 다른 사람들과 확실히 달라 보였다. 몇 번 수업을 듣고 나더니 금방 말문이 트였다. 강사로서도 자질이 보여 따로 강의 진행 방식을 가르쳐 강사로 채용했다.

 내가 처음 영어를 가르칠 때만 해도 국내파 영어강사는 손에 꼽을 정도였다. 특히 나처럼 초보 상태에서 강의를 시작한 경우는 드물 것이다. 많은 장벽이 있었지만 책에서 얻은 지혜들에 기대 계속 오다 보니 나를 보며 영어강사를 꿈꾼다고 말하는 초보 학생들도 만나게 됐다. "해외 연수를 다녀오지 않고도 충분히 훌륭한 영어강사가 될 수 있겠다는 희망이 생겼어요"라고 말하며 자신감을 갖는 그들을 볼 때마다 내가 가는 길에 확신을 얻는다. 내게 이런 자신감을 준 그들에게 오히려 더 감사하다.

 얼마 전부터 성남의 한 지역에 위치한 작은 도서관에서 독서교육 봉사를 시작했다.◆ 독서 모임 대부분이 독서 토론 형식으로 운영된다. 책을 읽고 그 내용에 대해 비판하거나 책에서 얻은 지식을 서로 나눈다. 유흥 같은 취미보다야 건전하겠지만 성장하는 데는 도움이 되지 않기 때문에 '성장하는 책 읽기' 방법을 알리는 것도 나의 소명이라고 생각했다. (책 읽기 방법은 이 책의 〈리딩 스토리–삶을 바꾸는 실천 독서법〉 장에서 보

◆ 독서 교육 봉사활동은 많은 분들이 도와주셔서 순조롭게 진행되고 있다. 이 봉사활동에 대해 궁금하거나 참여하고 싶다면 인터넷 검색 사이트에서 '꿈행부기'를 검색해주시길.

절망과 고난은 나를 무너뜨렸지만 다시 강인하게 일으켜세웠다.
고통은 밟고 더 높은 곳으로 올라서라는 신의 선물이었으리라.

다 자세히 정리하겠다.)

  실망스럽기는 했지만 첫 방송 출연도 소명의 일환이었다. 이후 마음을 추스르고 다시 방송국 카메라 앞에 섰을 때는 결과도 만족스러웠다. 영어를 못해 극심한 스트레스에 시달리는 사람들을 위해 영어 자신감을 찾아주는 일도, 2005년부터 시작해 2011년까지 약 2,000권을 독파한 책 읽기 경험으로 얻은 독서의 중요성을 알리기 위해 강연 무대에 서는 일도 꿈꾸며 상장하는 삶을 보다 많은 사람들과 누리기 위해서다.

  아직 시작 단계에 불과하다. 앞으로 해야 할 일, 만나야 할 사람들이 더 많다. 하지만 자신 있다. 오히려 살기 위해 몸부림치고 가난을 벗어나겠다고 내달렸던 시절보다 훨씬 잘할 자신이 있다. 어린 나이에 죽을 고비를 넘긴 경험은 나를 무너뜨렸지만 다시 강인하게 일으켜세웠다. 내성적이고 소심했던 소년은 험난한 길을 돌아 이제 꿈을 실현해가는 청년으로 자랐다. 수고했다, 회일아.

Book Story
지금 읽는 책이 나의 미래다

대문호 괴테도 "책 읽는 방법을 배우기 위해 80년을 바쳤다.
그럼에도 부족하다"고 했다. 책에 제대로 미쳐본 사람은 안다.
책만큼 어렵고 매력적이고 자극적인 삶의 원동력은 없다.
책을 어떻게 읽고, 어떻게 사색하고, 어떻게 실천하느냐에 따라
이후 삶의 지형이 완전히 달라진다.

나는 누구인가

"이 세상에서 가장 위대한 경험은
자기가 저 자신임을 이해하는 것이다."
— 미셸 드 몽테뉴 —

앞서 언급했듯이 2000년 이후 내 삶의 궤도가 완전히 바뀌었다. 스테로이드제 부작용의 후유증은 신체뿐 아니라 정신과 마음에도 막대한 영향을 미쳤다. 변화의 시작은 나의 의도나 계획과 무관하게 이뤄졌으나 이후 변화를 주도한 것은 내 의지였다. 나는 죽을 만큼 아프기 전까지 한 번도 내가 누구인지, 내가 무엇을 바라는지, 내가 왜 사는지에 대해 고민해본 적 없었다. 이제 겨우 몸이 살 만하다고 안도한 순간, 무지와 무능 때문에 죽고 싶을 만큼 괴로웠다. 살기를 바란다면 또 다시 살아날 방도를 찾아야 했다.

그때 내 눈앞에 놓인 것이 바로 책이다. 우연찮게 집어든 책은 내 삶을 송두리째 뒤흔들어놓았다. 우연히 처방받은 스테로이드제가 삶을 고통으로 뒤바꿨다면, 지루한 시간을 주체하지 못하던 차에 집어든 책은 무기력한 삶에 꿈과 희망을 선물했다.

소심하고 못난 놈

두 살 아래의 여동생은 어디를 가든 누구를 만나든 쉽게 적응하고 친해진다. 활달하고 긍정적이며 낯선 사람들에게도 씩씩하게 인사를 잘한다. 호불호好不好가 분명하며 사람들 사이에 인기도 많다. 어려서는 나와 동생이 함께 있으면 "여동생보다 오빠가 훨씬 예쁘네"라는 말을 왕왕 들었지만 커서는 "여동생은 예쁘고 활발한데 오빠는 왜 저럴까"라는 소리가 익숙했다. 사람들이 뭐라 하든 동생은 개의치 않는 듯했으나 나는 그런 소리를 들을 때마다 끙끙 앓았다.

　투병 후 내 외모가 많이 달라졌다는 사실을 뒤늦게 알았다. 나를 보는 사람들의 시선이 예전 같지 않았기 때문이다. 힐끔힐끔 곁눈질하거나 아무렇지 않은 척하면서도 나를 관찰하는 사람들의 시선 앞에 무방비하게 노출되는 것이 두려워 한동안 외출을 망설이기도 했다. 겁먹은 짐승처럼 무작정 집에 틀어박혀 게임을 하거나 텔레비전을 보며 허송세월했다. 그러다가도 가슴이 답답할 때면 다시 불안한 눈동자를 두리번거리며 거리로 나섰다. 혼자서는 도무지 사람들 앞에 나갈 용기가 나지 않아 동생과 함께 외출하는 날이 많았다. 그리고 스스로 상처입고 돌아오곤 했다.

'나는 왜 이렇게 소심할까. 같은 부모님 밑에서 나고 자란 동생은 저토록 건강하고 활발한데 나는 왜 이럴까. 동생은 사람들과 저토록 잘 어울리는데 나는 왜 이렇게 불편하고 괴로울까. 나만 왜 이럴까?'

머리를 부여잡고 방바닥을 뒹굴며 괴로워해봤지만 머릿속은 늘 캄캄했다. 자괴감만 깊어갈 뿐이었고, 당시는 누구의 위로도 곧이곧대로 들리지 않았다. 하루가 다르게 속이 새카맣게 곪아갔다.

그러다 집에 아무렇게나 꽂혀 있는 책을 손에 잡히는 대로 읽기 시작했다. 책을 읽으니 그나마 집에서 하는 일 없이 빈둥빈둥 게임을 하거나 늘어져라 텔레비전을 보는 꼴이 보기 싫다며 목소리를 높이던 엄마의 꾸지람은 줄어들었다. 무의미하게 책장을 넘기던 시선과 손길이 언제부터인가 의미를 좇고 있었다. 속도는 더디고 방법은 서툴렀지만 가슴 속에 응어리처럼 막혀 있던 숱한 물음들이 서서히 녹아내려갔다. 물론 이런 사실은 훗날 깨달았지만 말이다.

배우고 발견하고 자유로워질 이유

전직 비행기 조종사였던 리처드 바크가 우연히 영감을 얻어 한달음에 써 내렸다는 짧은 우화 《갈매기의 꿈》을 모르는 사람은 드물 테다. 내용을 구체적으로는 알지 못해도 제목이나 혹은 "가장 높이 나는 새가 가장 멀리 본다"는 구절은 누구나 한 번쯤 들어봤을 것이다.

고전의 반열에 오른 책의 가치는 설명이 무의미할 정도지만 나에게는 삶을 바꾼 아주 특별한 책 목록에서 빼놓을 수 없는 소중한 작품이다. 대부분 학창 시절에 읽어봤음직한 이 책을 나는 성인이 된 후 온전히 읽고 한눈에 매료되고 말았다. 이후 마음이 흔들릴 때마다 다양한 번역본과 원서로 읽고 또 읽었다.

잘 알다시피 《갈매기의 꿈》은 다른 갈매기들의 따돌림에도 굴하지 않고 자신의 꿈에 도전하는 갈매기 조나단 리빙스턴의 일생을 통해 자기완성의 소중함과 존재의 초월적 능력을 일깨우는 우화다. 단지 먹이를 구하기 위해 비행하는 다른 갈매기와 달리 조나단 리빙스턴은 순수하게 비행을 즐긴다. 그러나 진정한 자유와 자아실현을 위해 비상하는 조나단의 행동은 갈매기 사회의 오랜 관습에 저항하는 것으로 비쳐 결국 무리로부터 추방당하고 만다. 갖은 역경과 고난에도 좌절하지 않고 끊임없는 자기수련을 통해 완전한 비행술을 터득한 조나단은 마침내 무한한 자유를 느끼게 되고, 동료 갈매기들까지 초월의 경지에 도달하는 길로 이끈다.

이토록 완전한 존재가 또 있을까! 고난과 저항에 맞서며 자기완성을 추구하는 삶을 살아야 하는 이유를 갈매기 조나단만큼 감동적으로 설득하는 존재는 그동안 만난 적이 없었다. 남들과 조금 다르다는 이유로 원망하고 좌절했던 시간들이 한없이 부끄러웠다. 인생의 목표 없이 하루하루를 겨우 살아가는 내 삶이 초라하게 여겨졌다. 나아가 남들과 조금 다른 내게도 뭔가 특별한 능력이 있지 않을까 기대하게 됐다. 생각이 여기에 미치자 조용하던 심장이 격렬하게 뛰기 시작했다.

나는 책 읽기뿐 아니라 문장 외기를 좋아한다. 저자의 통찰이 정갈하게 압축된 지혜의 정수와 마주했을 때의 경건함이란! 명문장을 발견할 때마다 보물을 찾은 듯 감격과 전율을 느낀다. 《갈매기의 꿈》에도 흔들리는 삶에 중심을 바로세우고 지친 마음에 기운을 더하는 명문장이 많다. 다음은 내가 특히 좋아하는 대목이다.

> 제가 한 행동이 무책임한 행동이라고요? 여러분, 삶의 의미를 찾고 보다 나은 삶의 목적을 추구하려는 갈매기보다 더 책임감이 강한 갈매기가 있으면 나와보라고 하십시오. 우리는 천년 동안 그저 물고기나 찾아볼까 해서 이리저리 헤집고 다녔을 뿐입니다. 하지만 이제 우리에게는 삶의 동기가 생긴 것입니다. 이제부터는 배우고 발견하고 자유로워질 이유가 있단 말입니다.

책 읽기를 시작한 지 제법 됐지만 의무적으로 읽었을 뿐 내가 왜 책을 읽어야 하는지 스스로에게 분명한 답을 내놓지 못한 때였다. '배우고 발견하고 자유로워질 이유'라는 문장을 본 순간, 나는 세상을 다 얻은 듯 행복했다. 그랬다. 책을 읽는 이유는 무지를 깨치고 자아를 발견하는 것을 넘어 무엇보다 나를 옭아맨 자기 자신으로부터 타인으로부터 고정관념으로부터 자유로워지기 위함이었다. 짧은 우화소설 속에 이처럼 선명한 지혜가 숨어 있을 줄이야! 나에게 책 읽기란 나를 자유롭게 하기 위한 비행 그 자체였다.

간절함이 답이다
:

끝을 알 수 없는 스테로이드제 부작용으로 고통스러운 시간이 이어질 때 몇 번이고 생을 포기하고 싶었다. 이렇게 사느니 죽는 게 낫겠다고 생각한 적이 한두 번이 아니다. 그러나 사람의 마음이 어쩌면 그토록 간사하던지. 생의 희망이 엿보이기 시작하자 나는 죽을 힘을 다해 살고 싶다고 기도했다. 한번 일어난 욕심은 끝이 없어서 또 다른 욕망들을 부추기며 다른 의미로 나를 괴롭혔다.

　3년 만에 바깥으로 나오니 내가 병석에 누워 있는 사이 나뿐 아니라 주위의 모든 것이 달라져 있었다. 또래들은 성장해 저마다의 꿈을 향해 매진하는데 나만 정체한 듯 초라해 보였다. 동생과 외출할수록 비교되면서 나의 못난 부분만 부각돼 안 그래도 소심하고 내성적이던 성격이 더 위축돼갔다. 어쩌다 마음에 드는 여성을 만나도 말 한마디 걸지 못하는 내가 너무 싫었다. 몸이 아니라 마음이 병들기 시작하자 급속도로 악화됐고, 또 다른 고통 속에서 다시 자살을 고민하기까지 했다. 지금 생각하면 어처구니없지만 당시는 '나는 살 가치가 없는 놈이야'라는 자괴

책을 읽는 이유는 나를 옭아맨 모든 것으로부터 자유로워지기 위함이다.
나에게 책 읽기란 나를 자유롭게 하기 위한 비행 그 자체다.

감으로 정말 죽고 싶을 만큼 괴로웠다.

불안하고 힘들 때마다 도망간 곳이 책이었다. 내가 누구인지, 살 가치가 있는지, 어떻게 살아야 하는지에 대한 답을 구하기 위해 미친 듯이 책 속을 헤집고 다녔다. 그때 내게 죽비가 됐던 책이 윤태익 교수의 《간절함이 답이다》였다.

책의 내용은 부제에서 드러나듯이 '부와 성공을 이끄는 힘의 과학'이다. 여기서 말하는 힘이란 '간절함'이다. 역사상 성공했던 사람들은 상황을 불평하는 대신 "반드시 실현하고야 말겠다"는 간절함으로 불가능에 도전해 부와 명예를 거머쥐었다. 간절함의 실행 원리에 따라 의식적으로 꾸준히 연습하면 누구나 뜻을 실현할 수 있다는 윤태익 교수의 조언은 나에게 도전 의지를 불러 일으켰다.

> 가슴속에서 진정으로 원하는 것을 그대로 인정하고, 자신의 한계를 정확히 보고, 그 능력의 한계선상에 있는 것을 비전으로 보아야 합니다. 조금 귀찮고 두렵다고 해서 그다지 애쓰지 않아도 쉽게 이룰 수 있는 목표를 비전으로 삼는다면 겉으로는 분주하고 바빠 보일지 몰라도 결국에는 의식이 성장하기는커녕 제자리걸음만 하게 됩니다.

인정하고 직시하고 비전을 세워 한계에 도전하라는 메시지를 확인하고 나서야 나는 그동안 내가 나 스스로를 얼마나 방치했는지 깨달았다.

나는 한 번도 내 능력의 한계를 정확히 바라본 적이 없었다. 내 가슴이 진정으로 원하는 것이 무엇인지 물어본 적이 없었다. 그러므로 내 능력 이상을 실현하기 위해 비전을 세우고 노력한 적도 없었다.

억울해하고 분노했던 시간이 한없이 부끄러워 차마 고개를 들 수가 없었다. 죽고 싶다고 수없이 말했지만 정작 나는 죽음이 간절하지 않았다. 살아보겠다고 세상으로 나온 이상 내가 선택할 수 있는 것은 간절함을 다해 하루하루를 귀하게 살아야 함을 뒤늦게 깨달았다.

살기 위해 나를 돌아보자 비로소 내가 몰랐던 내 모습이 하나씩 보이기 시작했다. 동생과 다른 나의 내성적인 성향, 소심한 성격을 인정하기로 했다. 또래보다 늦게 인생의 출발선에 선 만큼 더 노력하는 수밖에 다른 방법이 없었다.

그리고 가진 것도 없고 잘하는 것도 없지만 다른 사람에게는 없는 것이 내게 있었다. 죽을 고비를 견디고 살아남은 만큼 누구보다 인내할 자신은 있었다. 죽음 가까이 다가가본 만큼 생의 애착은 누구보다 간절했다. 비로소 내게도 간절함이 생겼다. 내 삶이 간절해지자 못할 게 없어 보였다.

죽기 전에 꼭 해야 할 단 한 가지

게으르게 살 때는 몰랐는데 제대로 살아보겠다고 의지를 불사르자 삶이 결코 호락호락하지 않음을 알았다. 거창하게 삶을 논할 것도 없이 나는 내가 무엇을 좋아하는지, 무엇을 하고 싶은지, 무엇을 갖고 싶은지조차 제대로 대답하지 못했다. 다른 사람들은 어떤지 궁금했다. 만나는 사람들마다에게 조심스럽게 물었다.

"무엇을 좋아하세요?"

질문이 잘못됐을까. 사람들이 한 번에 알아듣질 못했다. "좋아하는 거요? 먹는 거 중에서?"라거나 "갑자기 무슨 말이에요? 노래? 영화? 그것도 아니면 사람?" 같은 식이었다. 대부분 어느 특정 분야에서 자신의 기호를 답하려고 했다. 다시 질문을 바꾸었다.

"좋아하는 거나 갖고 싶은 것, 혹은 하고 싶은 게 뭐예요?"

그러자 수많은 대답이 거침없이 쏟아졌다. 내가 대답하기 어려워 쩔쩔맸던 질문에 대해 사람들은 그토록 쉽고 간편하게 늘어놓는 것이었다. 하지만 정신을 차리고 들어보니 그들이 늘어놓는 목록들로는 그가 어떤 사람인지 판단하기 어렵다는 사실을 발견했다. 나는 오직 나만을 설명할 수 있는, 다른 사람이 아닌 나만이 가능한 목록을 마련해야 했다.

이런 고민을 하게 된 계기가 된 책이 《성공하는 한국인의 7가지 습관》이다. 성공의 지름길로 습관의 중요성을 강조한 책으로 구체적인 실천 방법까지 소개해 큰 도움이 됐지만, 무엇보다 내가 이 책을 좋아하는 까닭은 내 인생의 버킷리스트를 작성하도록 부추겼기 때문이다.

내가 좋아하는 것이란 물음을 좀더 간절하게 표현한다면 죽기 전에 반드시 해야 할 것쯤 되지 않을까. 질문을 이렇게 설정하고 내가 좋아하는 것, 갖고 싶은 것 혹은 하고 싶은 것을 하나씩 채워나갔다. 우습게 들릴 수 있겠지만 목록 40개 정도를 채우는 데 서너 개월이 걸렸다. 이마저도 순전히 나의 바람이라고 보기 힘들다. 목록을 채우기가 너무 힘들어 다른 사람의 꿈을 빌려와서야 겨우 모양새를 갖출 수 있었다.

거르지 않은 1차 단계의 목록을 살펴보면, 게임·영어·독서·발차기·봉술·농구·쌍절곤·복싱·유도·마임·마리오네트·향수·데빌스틱·요리·스쿠터·분재·수석·조각·그림·피아노·기타·오디오·디지털카메라·건강·복화술·춤·초능력·명상·발성·노래·장난감·경제·봉사·라틴·일어·관상·시간·인간·장사·한자·주식·연애·속독…… 등이었다.

한참을 들여다보았지만 이 목록들 사이에서 나를 유추해낼 수가 없었다. 전날 읽었던 책 《간절함이 답이다》에서 얻은 통찰을 적용해 내게 간절하지 않은 것들을 하나씩 덜어내기 시작했다. 고민에 고민을 거듭하며 거르고 나니 최종 다섯 가지만 남았다.

투병의 기억이 있었기 때문에 '건강'의 중요성은 누구보다 잘 알았다. '운동'도 같은 맥락에서 게을리 해서는 안 됐다. 평생 공부를 해야 하는 만큼 '독서'도 놓칠 수 없었다. 당시 '영어'의 매력에 흠뻑 취해 학생 때도 하지 않던 '열공' 모드였다. 뿐만 아니라 명상 같은 '마음 관리'도 중요했다.

노래, 영어, 독서, 운동, 마음 관리만 남기고 보니 비로소 내가 어떻게 살아야 할지가 선명해졌다. 나아가 오직 나만 할 수 있는 단 하나의 인생 목표도 정해졌다. 각각의 영역에서 최고인 사람은 얼마든지 존재할 수 있다. 내가 바라는 것은 그들처럼 특정 분야의 최고 권위자가 아닌 영어를 잘하면서 노래도 잘하고 꾸준히 책을 읽고 몸과 마음 건강에 철두철미한 사람, 즉 'Only One'이 되는 것이다! 드디어 내가 비상할 이상향이 완성됐다.

이후 나는 한 눈 팔지 않고 목표를 향해 달리는 중이다. 독학 6개월 만에 영어를 가르치기 시작해 지금은 영어학원의 원장이 됐고, 부지런히 책을 읽은 결과 이 책을 포함해 두 권의 독서 관련 책의 저자가 됐다. 식이요법과 운동으로 꾸준히 노력한 결과 나름대로 근육을 고루 갖춘 멋진 몸을 갖게 됐다. 노력의 결실들이 하나씩 가시화되면서 성취감을 느끼자 자아존중감도 높아졌다.

내 삶은 책을 만나기 전과 후로 극명히 나뉜다. 내가 누구인지 전혀 설명할 수 없었던 시간과 나를 사랑하게 된 지금은 비교하기가 무색할 정도다. 책만 한 스승이 없다고들 말하지만 그 말의 의미를 나는 누구보다 잘 안다고 확신할 수 있다. 앞으로 또 어떤 스승이 나를 기다리고 있을지, 한 권의 책을 통해 나는 또 어떻게 거듭날지 같은 기대감으로 책을 손에서 놓을 수가 없다. 이쯤 되면 책 중독자라고 할 만할까.

| 책대로 산다 1 |

행복하고 싶다면, 나부터 바로 알자

내 삶은 아프기 전과 후로 구분된다. 더 정확하게는 책 읽기의 전과 후로 나뉜다. 아프기 전까지는 내 삶에 책이 있건 없건 상관없었다. 하지만 아프고 나서 책을 읽기 시작한 뒤로는 책 없이 내 삶을 설명할 수 없다. 책을 통해 '나'를 알아가기 시작했다. 나를 모른 채 내 바람, 욕망, 소명을 알아차릴 수 없다. 책 읽기의 가장 중요한 목적은 바로 나를 알아가는 것이리라.

생각보다 많은 사람들이 '나는 누구인가' 라는 질문에 명쾌하게 대답하지 못한다. 행복한 삶을 바란다면 무엇보다 자기 자신을 분명히 아는 게 중요하다. 앞서 이야기한 《갈매기의 꿈》《간절함이 답이다》《성공하는 한국인의 7가지 습관》 외에 도움이 됐던 책을 몇 권 더 소개하겠다. 사람마다 와 닿는 책들은 다르기 마련이지만 함께 읽고 서로 느끼고 실천한 이야기를 나누고 싶다.

• 《가슴 뛰는 상상을 즐겨라》 ─ 다카이치 아라타 지음, 나라원

"하고 싶은 일을 찾지 못한 사람은 있을지언정 '하고 싶은 일이 없는 사람' 은 없다" 고 말해줘 고마웠던 책.

- 《고마워요 미안해요 사랑해요》 ─ 데이브 아이세이 지음, 다른세상

'다른' 것은 '개성' 이며, 중요한 것은 '동일하다' 가 아니라 서로 다른 타인을 '이해' 하는 것이라는 지혜를 일깨워줬다.

- 《당당한 게으름》 ─ 토마스 호헨제 지음, 시아출판사

나에게 의미 있는 삶만이 살 가치가 있다고 일깨운 책. 내면의 소리에 귀 기울이게 해줬다.

왜 하필 나일까

> "난관은 좌절이 아니라 분발을 위한 것이다.
> 인간의 정신은 투쟁에 의해 강해진다."
> ― 윌리엄 엘러리 채닝 ―

내가 겪은 고난의 크기는 얼마만 할까? 내 것이 아닌 이상 다른 사람의 고난의 무게를 가늠하기란 힘들다. 아무리 고민하고 짐작한들 내 예측은 틀리게 마련이다. 그리고 현재 나에게 닥친 고난이 가장 크고 무겁게 느껴질 수밖에 없다. 지구 멸망보다 내 손가락에 박힌 가시가 더 아프다는 말도 있지 않은가. 스테로이드제를 중단한 뒤로 고통스러운 나날을 보내면서 나는 내가 세상에서 가장 불행한 사람인 줄 알았다. 가난하고 아픈 이유가 다른 사람 탓이라고 생각했다.

그래본들 마음에 짙게 드리운 증오와 분노가 사라질 리 없다는 것을 잘 알았다. 내가 힘들어하는 만큼 지켜보는 가족들도 못지않게 괴롭고 상처 입는다는 사실도 잘 알았다. 하지만 그렇게라도 하지 않으면 정말 살 수 없을 것 같았다.

명랑한 지선 씨
:

어리석은 나의 고개를 가차 없이 떨구게 한 사람이 있다. 무력에 굴복한 것이 아니라 그의 온화한 긍정과 사랑 앞에서 그만 얼어붙고 말았다. 악다구니 쓰던 내 입이 절로 다물어졌다. 그는 바로 '명랑한 지선 씨' 다.

　사랑스러운 여대생이 교통사고를 당해 목숨을 위협하는 화상을 입었다. 의료진이 치료를 포기할 만큼 증세가 심각했다. 이후 7개월을 입원하면서 서른 번이 넘는 대수술을 받고 겨우 죽음을 이겨냈다. 사람들은 '기적' 이라고 했지만 나는 생각이 달랐다. 그녀는 오직 혼자서 죽음과 맞서 싸웠고 당당하게 삶을 쟁취해냈다. 그녀가 가진 무기라고는 맨주먹과 감사하고 긍정할 줄 아는 고운 마음이 전부였지만 세상의 그 어떤 무기보다 위력적이었다.

　중화상은 그녀에게서 아름다운 외모를 앗아갔지만 진심에서 우러나 얼굴 전체에 번지는 화사한 미소는 어찌하지 못했다. 웃는 눈이 초승달을 닮은 그녀가 있는 곳은 어디든 그녀의 에너지로 유쾌해졌다. 거듭된 성형수술에도 불구하고 전날의 미모를 되찾지 못했지만 이지선 씨는 자신의 외모를 부끄러워하지 않고 자신을 똑바로 바라보며 당차게 말한다.

　"안녕, 이지선! 사랑해."

우리는 세상에서 정말 중요하고
영원한 것이 무엇인지 아는 사람들입니다.
행복은 얼마나 가까이에 있는지, 기쁨과 감사는 얼마나 작은 것에서부터 시작되는지….

반면 나는 어떠했는가. 사람들이 생각 없이 던지는 값싼 동정에 상처받아 구석으로 숨어들었다. 투병 동안 변한 외모를 인정하지 못해 한동안 거울도 쳐다보지 않았다. 아프기 전에는 항상 웃는 얼굴이었는데 투병 후에는 미소도 실종됐다. "누구세요?" 거울 속 나는 아무리 봐도 낯설었다. 삶을 비관하고 낙담하던 내게 이지선 씨는 "귀한 삶을 동정하지 마라"고 따끔하게 나무랐다.

> 사는 것은, 살아남는 것은 죽는 것보다 훨씬…… 천배 만배는 힘들었습니다. 그 귀한 삶을 동정하지 마십시오. 넘겨짚지도 마시고 오해하지도 말아주십시오. 우리는 세상에 정말 중요하고 영원한 것이 무엇인지 아는 사람들입니다. 생명이 얼마나 소중한 것인지, 사랑이 얼마나 따뜻한 것인지, 절망이 얼마나 사람을 죽이는 것인지, 희망은 얼마나 큰 힘이 있는지, 행복은 얼마나 가까이에 있는지, 정말 세상에 부질없는 것들이 무엇인지, 기쁨과 감사는 얼마나 작은 것에서부터 시작되는지…… 우리는 그것을 알고 있는 사람들입니다.

'나는 왜 이렇게 힘들어야 할까? 왜 하필 나여야 하지?'라며 간절히 답을 찾아 헤맨 시간이 무색해졌다. 고난을 겪은 우리의 삶이 얼마나 귀한 것인지 이토록 명쾌하게 대답해주는 사람은 아무도 없었다. 살아온 시간이 중요한 게 아니었다. 삶에 대처하는 자세가 인격을 향기롭게 한다는 사실을 깨달았다. 죽음의 문턱에서 살아남은 자로서 자신의 소명을 직시하고 실천하는 사람의 목소리는 당당하고 지혜로웠다.

그리고 매서웠다. 이지선 씨의 명랑함은 그 자체로 내게 따끔한 질책이었다. 그가 겪은 고통이 얼마나 끔찍했을지 감히 짐작하기 때문에 그의 말과 행동이 그토록 자연스럽고 명랑하고 현명해지기까지 얼마나 자기 자신과 싸웠을지 생각하면 놀라고 감탄할 따름이었다. 고난을 통해 '두 번째 인생'을 선물받았다며 환하게 웃는 그에게서 상처입고 울부짖던 내 마음이 조금씩 치유되는 것을 느낄 수 있었다.

이지선 씨가 살아남아 자신의 소명을 위해 용기를 불사르듯이 나도 살아남은 이유가 있지 않을까 고민하게 됐다. 비난하고 원망하며 귀한 삶을 허비해서는 안 됐다. 그 덕분에 방송 출연을 결심했고, 나의 외모나 과거를 부끄러워하지 않고 당당해지기 위해 마음에 근육을 키웠다. 그리고 조금씩 단단하게 여물어가는 나를 선물받았다. 그를 알지 못했다면 나는 어떻게 살고 있을까? 생각만 해도 아찔하다.

직설은 힘이 세다

의지력이 박약한 것일까, 아니면 지나치게 매진해서 지쳤을까? 마음의 근육이 온전하게 자리 잡기까지 긴장과 이완을 수시로 오갔다. 조금만 방심하면 다시 나약해지고 나를 둘러싼 주변의 모든 것들을 향해 맹렬히 달려들 기세로 발톱을 세웠다. 그래본들 곧 지쳐 나자빠졌지만 말이다. 머잖아 후회하고 미안해하리라는 것을 알았지만 내 마음을 다스리기가 쉽지 않았다.

어떤 달콤한 위로도 위안이 안 될 때가 있다. 심사가 뒤틀리면 진심이 곧이곧대로 들리지 않는다. 시기하고 비꼬면서 가소로워한다. 내가 그랬다. 그리고 그 마음마저 지치면 나만 상처받았다. 마음이 원망과 절망을 오가다 보면 그만큼 기운도 소진됐다. 체력이 떨어지면 금세 건강이 악화됐다. 그야말로 악순환이었다.

평정심을 유지하는 것이 무엇보다 중요했다. 주변에서 나를 흔드는 불안 요소가 난무하더라도 내 마음 하나만큼은 똑바로 세워야 했다. 강한 비바람이 불어와 온몸을 흔들어도 땅속 깊숙이 뿌리를 내리고 당당히 버티는 나무 같은 사람이 돼야 했다. 뿌리의 힘을 길러야 했다.

한없이 무력해지고 어디에도 마음 기댈 곳이 없어 불안해하던 때 '청춘 카운슬러' 김형태 작가의 《너, 외롭구나》를 읽었다. 황신혜밴드의 리더이자 미술, 연극 등 다양한 문화예술 분야에서 활동해서인지 한 마디 한 마디가 그야말로 화끈했다. 편견과 고정관념을 내던진 말과 표현들이 처음에는 살짝 당황스러웠지만 익숙해지자 금방 매료됐다. 치명적인 중독성이랄까.

지금이야 사람들이 독설에 '열광' 하지만 책이 출간되던 당시는 부드러운 위로가 '대세' 였다. 김형태 작가가 독설가의 '원조' 아닐까 싶을 만큼 그의 촌철살인 직설은 신선하고 위력적이었다. 날카로운 일침 속에 청춘을 향한 속 깊은 이해와 따뜻한 배려, 진심이 담겨 있었다. 책을 읽자마자 풀린 눈이 부릅떠지고 머리끝이 쭈뼛 섰다. "호통쳐줘서 고맙다"는 독자들의 인사가 거짓이 아니었다.

> 고작 4년이란 말입니다. 인생 길게 보세요, 좀. 요즘 젊은이들은 시간 개념이 2년 정도도 안 되는 것 같습니다. 인생 80년입니다. 그중에 대학 4년 다니는 게 뭐 그리 힘듭니까. 나 원 참. 거기서 무슨 피 터지는 경쟁이 있다고 벌써 눈물이 나도록 답답해진답니까. 세상에 나와 보세요. 정말 눈물 쏙 빠지는 일이 어떤 건지 뼈저리게, 대학 졸업 후에 좋건 싫건 죽는 날까지 경험할 겁니다.

청춘들의 고민과 작가의 답변이 워낙 현실적이고 구체적이어서 누구나 공감할 만하다. 그래서 책을 읽는 내내 감정이 이입돼 호되게 야단을 맞는 것 같았지만 기분이 나쁘지 않았다. 솔직히 말하자면 김형태 작가만큼 진심과 진정을 담아 성실하게 조언해주는 사람이 주변에 없었다. 무엇보다 청춘이 간과하기 쉬운 현실을 직시하는 관점이 도움이 됐다. 현실을 제대로 이해하지 않고 꾸는 꿈은 신기루일 수밖에 없으니까.

가난 탓하랴 무지 탓하랴 시간을 허비하기에 나는 삶에 대한 애착이 강했다. 그의 직설 덕분에 내 현실을 똑바로 볼 수 있었다. 가난을 탓하기보다 가난을 해결할 실질적인 일을 고민하는 게 나았다. 무지를 탓하기보다 지혜를 일깨우는 책을 읽는 게 나았다. 《너, 외롭구나》를 한 마디로 소개하자면, 내 머릿속의 스모그를 닦아준 고마운 책이다.

절망보다 희망을, 포기보다 용기를

아버지의 사업 부도 이후 우리 가족은 잃은 것이 많았다. 나의 투병 때문에 우리 가족 모두 상처 입었고 지쳤다. 하지만 가난이 없었다면 1,000원의 귀함을 알지 못했을 테고, 나누는 삶의 간절함을 깨닫지 못했을 것이다. 투병 경험이 없었다면 하루를 마지막 날처럼 최선을 다해 살지 않았을 테고, 건강은 건강할 때 지켜야 한다는 말의 의미를 이해하지 못한 채 교만하게 살았을지 모른다.

지금의 나는 시련과 고난의 시간을 인내하고 견딘 결과다. 철저히 단련해 과거의 소심한 성격은 자신감으로 강화됐고, 게으르고 굼뜬 태도도 성실하고 활동적으로 탈바꿈했다. 오해 마시길 바란다. 내 자랑을 하려는 게 결코 아니다. 나의 근본적인 변화를 부추긴 책을 이야기하려는 것이다. '한 남자의 인생을 바꾼 7가지 선물 이야기'를 부제로 내세운 《폰더 씨의 위대한 하루》는 내 인생까지 역전시켰다.

주변에서 흔하게 만날 수 있는 평범한 중년 남성 데이비드 폰더 씨는 하루아침에 회사에서 잘리고 딸마저 병원 신세를 지게 되면서 재정 상황이 급속도로 추락한다. 갑작스럽게 닥친 절망의 한가운데서 과거로의 여행을 떠나게 되고, 역사책에나 등장하는 7인을 만나 삶의 지혜를 발견한다.

나치를 피해 다락방에 몸을 숨긴 안네 프랑크, 거친 선원들을 설득하며 신대륙을 찾아 나선 콜럼버스, 원폭 투하를 고심하는 해리 트루먼, 노예 해방 운동을 위해 기득권과 맞서 싸운 링컨 등을 만나 역사를 만든 위대한 선택의 결정적 순간을 목격한다. 자신의 소명을 위해 모든 것을 건 결단을 내리는 순간의 현장 분위기는 비장감이 감돈다. 그들의 용기 있는 선택은 시공을 뛰어넘어 감동을 선사하기에 충분하다.

책을 읽으며 보물찾기하듯 명문장 찾기를 즐기는 내게 이 책은 완벽한 보물섬이었다.

> 오늘 나는 행복한 사람이 될 것을 선택하겠다. 나는 어떤 상황에서도 나의 삶에 감사하겠다.
> ―안네 프랑크

> 나를 부당하게 비판하는 사람들도 용서하겠다. 남은 물론 나 자신을 용서하겠다. 내가 저지른 모든 실수, 모든 착오, 모든 좌절까지도.
> ― 에이브러햄 링컨

> 나는 내 과거에 대해 모든 책임을 진다. 오늘날 심리적으로 육체적으로

정신적으로 재정적으로 이렇게 된 것은 내가 선택한 결단의 결과다.

― 해리 트루먼

나의 과거는 결코 바꿀 수 없지만 오늘 내 행동을 바꿈으로써 내 미래를 바꿀 수 있다. 나는 오늘 당장 나의 행동을 바꾸겠다. ― 솔로몬 왕

나는 인간에게 부여된 가장 큰 힘, 즉 선택의 힘을 갖고 있다. 오늘 나는 어떠한 경우에도 물러서지 않는 것을 선택한다. ― 가브리엘 대천사

 7인과의 조우를 통해 폰더 씨가 발견한 지혜는 "내 인생은 내가 선택한다"는 메시지였다. 그리고 "나는 결단한다, 절망하고 포기하기보다는 희망과 용기를 갖기로"라며 자신의 삶을 일굴 위대한 선택을 내린다.
 나는 과연 내 인생의 주인으로서 책임을 다하며 사는지 돌아보게 하는 책이었다. '내 인생'이라는 말의 무게가 묵직하게 와 닿았다. 내가 어떤 선택을 하느냐에 따라 삶의 내용이 달라진다는 진리를 비로소 깨달았다.
 이후 크고 작은 선택의 순간마다 신중하려 노력했다. 내가 선택한 이상 그 결과에 대한 책임은 내가 진다는 점을 명확히 했다. 그러자 내 삶, 나아가야 할 길이 보다 선명하게 보였다. 내가 달라지면 세상도 달라진다는 위대한 가르침을 일깨운 귀한 책과 이십 대에 인연을 맺은 게 얼마

나 다행인가. 책 읽기의 힘이 얼마나 위대한지를 알기에 만나는 사람마다에게 책을 권하게 된다. 책 안내 역시 나의 소명이다.

| 책대로 산다 2 |

시련의 크기는
내가 극복할 수 있는 딱 그만큼

'신은 인간이 견딜 수 있는 만큼의 시련만 준다'는 말이 있다. 스스로 포기하지 않는 한 애초에 내가 극복하지 못할 시련은 없다는 말이다. "왜 하필 나에게 이런 시련과 고난이 닥쳤을까"라고 불평하며 보냈던 숱한 낮과 밤들. 좀더 일찍 이 문구를 알았다면 보다 건설적으로 삶을 계획하지 않았을까 후회되기도 하지만 '늦었다고 생각할 때가 가장 빠르다'는 말도 있듯이 깨달은 지금 이 순간이 가장 간절하기 때문에 삶을 바꾸기에 늦은 시기란 없다. 절망만 허락된 인생은 없다.

몸과 마음이 상처 입고 좌절했던 투병기와 시련기에 나를 위로하고 치유해준 책들이 《지선아 사랑해》《너, 외롭구나》《폰더 씨의 위대한 하루》 외에도 많다. 여러분은 내가 느낀 감동과 기대보다 더 큰 선물을 받길 진심으로 바란다.

• 《나는 왜 눈치를 보는가》 ─ 가토 다이조 지음, 고즈원

책 제목을 보자마자 반드시 읽어야 할 책이라고 확신했다. 인간관계 문제로 힘들고 자존감이 낮아 자책하던 때 위로가 됐다.

- 《어른으로 산다는 것》—김혜남 지음, 갤리온

'누구나 마음속에 상처 입은 어린아이가 살고 있다.' 미처 어른이 될 준비를 못한 채 나이 들어버려 불안한 어른들에게 보내는 정신분석 전문의의 진심어린 위로가 마음에 온기를 더한다.

- 《치유하는 글쓰기》—박미라 지음, 한겨레출판

내가 힘들어하는 문제의 답은 모두 내 안에 있다는 진리를 일깨운 책. 읽고 생각하고 쓰는 과정의 치유력을 실제로 경험했다.

가슴 뛰는 삶을 바라는가

"우리 머리에 주먹질을 해대는 책이 아니라면,
우리가 왜 그런 책을 읽어야 한단 말인가."
— 프란츠 카프카 —

책의 표지를 보는 순간 숨이 멎었다. 황량한 눈길 위를 홀로 걷는 사람의 뒷모습이 비장해 보였다. 처음에는 나를 보는 듯했으나 훨씬 단단하고 고집스러워 보였다. 왜 가야 하는지, 어디로 가야 하는지 아는 사람의 확신과 의지는 그 자체로 감동적이다. 이 표지 속의 사람이 그랬다. 한참 보고 있노라니 심장이 뛰었다. 내가 가야 할 목표 지점을 향해 걸음을 내디뎌야 한다고 외치는 것만 같았다.

그만두고 싶을 때 딱 한 걸음만 더
:

세상의 모든 고통을 혼자 짊어진 듯 절망한 손자가 할아버지를 찾아와

묻는다.

"사는 게 왜 이렇게 힘들죠?"

할아버지는 손자를 사시나무 그늘 아래로 데려가 나지막하게 대답한다.

"인생이란 양지를 걷는가 하면, 때로는 음지도 걸어야 하는 여행이란다."

생을 치열하게 산 현자의 말들이 아름답게 수놓인 책《그래도 계속 가라》는 '지혜의 부족'이라 불리는 라코타 인디언의 인생철학을 들려준다. 역사에 이름을 드높인 위대한 인물 못지않게 평범한 할아버지의 언어는 삶의 무늬가 꾸밈없이 그대로 새겨져 더 진실되게 와 닿았다. 삶과 언어가 닮은 사람 앞에서 절로 고개가 숙여졌다.

대학 졸업장은커녕 내세울 만한 경력, 자격증 하나 없이 노래강사, 영어강사로 일하다 보니 "사기꾼 아냐?" 같은 비난에 왕왕 시달렸다. 내가 어떤 설명을 해도, 능력을 증명해 보이겠다고 설득해도 들으려 하지 않는 사람들의 폭력적인 언동과 맞닥뜨릴 때마다 전부 포기하고 싶었다. 아무도 내 편을 들어주지 않고 철저히 혼자서 맨몸으로 몰매를 다 맞는 기분이었다. 대단한 영광이나 엄청난 부를 바라고 시작한 일이 아니었다. 내가 할 줄 아는 게 노래밖에 없었고, 영어가 재미있었던 것뿐인데 사람들은 냉정하고 인색했다.

나중에 억대 연봉의 강남 소재 영어학원장으로 소개되자 사람들이 나를 대하는 시선과 태도가 달라졌다. 더욱이 지긋지긋한 가난과 지옥 같은 투병기를 극복했다는 사연까지 알려지자 관심을 갖고 먼저 다가오는 사람도 있었다. 내가 이런 변화를 반겼을 거라 생각하지 말길 바란다. 오히려 슬펐다. 겉으로 드러난 것만 중시하는 세상의 잣대가 안타까웠다. 그럴수록 무력감이 엄습했다. 사람들이 쳐다보는 나의 무대 조명은 언제든 꺼질 수 있었다. 동시에 그들의 관심에서 나도 사라지고 말 게 분명하니까.

《그래도 계속 가라》는 이런 무력감으로 괴로워하던 때 읽었다. 가장 적절한 시기에 만나는 책과의 호흡은 '생명의 숨' 그 이상이다. '늙은 매' 할아버지가 손자에게 들려주는 이야기가 모두 나를 위한 말씀 같아 손에서 책을 내려놓을 수가 없었다.

> 강인함이란 삶의 폭풍에 용감하게 맞서고, 실패가 무엇인지 알고, 슬픔과 고통을 느끼고, 비탄의 구렁텅이에 빠져보고 나서야 얻을 수 있는 것이란다.

시련은 그가 극복할 수 있을 정도만 닥친다는 말이 있지 않은가. 스스로 포기하지 않는다면 언젠가는 이겨낼 수 있다는 의미일 텐데, 그 시기와 당당하게 맞서고 나면 강인함이라는 선물을 받을 수 있다는 믿음을 갖게 했다.

> 희망을 향해 내디딘 연약한 한 걸음이 맹렬한 폭풍보다 훨씬 더 강하단다.

그러므로 고난과 역경이 거세게 몰아치더라도, 그래도 계속 가야 한다. "그만두고 싶을 때 딱 한 걸음만 더!" 이 한 걸음이 인생의 승패를 좌우한다는 것을 명심하며 살려 애쓴다.

요즘은 강연으로 사람들을 만나는 일이 종종 있다. 나를 전혀 모르는 사람들 앞에 정체를 드러내기가 여전히 두렵고 긴장된다. 낯선 장소에서 낯선 사람을 만나면 몸이 굳어버리고 입이 얼어버리는 습관을 고치기 위해 일부러 길 가는 사람들에게 길을 묻고, 술집을 찾아가 회식 장소를 알아보러 왔다며 시도해보곤 했다.

이런 훈련을 반복하면서 자신감을 많이 길렀다고 생각했지만 지금도 다수의 시선을 한꺼번에 받으면 도망가고 싶을 때가 있다. 먹잇감을 노리는 맹수처럼 내가 자신감을 잃으면 상대는 금방 눈치를 챈다. 저마다의 사연과 바람을 품고 나를 쳐다보는 사람들의 시선을 똑바로 응시하려면 아직 갈 길이 멀다. 위축되고 긴장될수록 '딱 한 걸음만 더!'를 주문처럼 되뇐다.

도전이냐 포기냐

영어 공부를 시작한 지 6개월 만에 영어 회화를 가르치기 시작했을 때는 무료로 수업을 진행했다. 수강료를 받기에는 스스로 실력에 자신이 없다 보니 양심이 허락지 않았다. 강의를 신청하는 사람들이 늘어나 스터디 그룹 단위로 가르칠 무렵에는 또래보다 수입이 많았다. 일반 남자라면 군대 복무를 마치고 사회에 진출할까 말까 한 나이에 게다가 불과 몇 년 전만 해도 제 앞가림도 못할 것처럼 보였던 내가 제법 큰 수입을 거두며 꿈을 실현해가자 그제야 부모님도 아들을 대견하게 여겼다.

내가 촌각을 아껴 책을 읽을 때도 "허구한 날 책만 들여다본들 사회는 책에서 보는 것과 다르다"며 못마땅해하던 부모님이었지만 아들이 영어학원장,《독서 천재가 된 홍대리》의 저자가 되고 그 책이 베스트셀러가 돼 사람들의 입에 오르내리자 책을 통한 변화에 놀라워했다. 평소 책을 안 보던 분들이 그래도 아들의 책은 읽었다. 이후로 잠시 책을 보는가 싶더니 도로 책을 덮었다. 마음이 아팠다. '나도 할 수 있다'는 믿음이 부족해서였는지 모르겠다.

앞서 이야기했듯이 여기까지 오는 과정은 험난한 도전의 연속이었다. 벽 하나를 넘고 나서 안도의 한숨을 내쉬기가 바쁘게 다른 벽이 앞에서 버티고 있었다. 그럴 때마다 선택의 순간에 놓였다. 도전할 것인가, 포기할 것인가.

남의 학원 공간을 빌려 영어 스터디 그룹을 운영하다가 영어학원을 차려야겠다고 결심했을 때도 갈등이 심했다. 현 상태로 계속 가기에는 비전이 없어 보였고, 학원을 차리자니 여러 가지 고민들로 도전할 자신이 없었다.

'망하면 어쩌지? 학원 운영은 그야말로 사업인데 경험도 없이 잘할 수 있겠어? 난다 긴다 하는 사람들도 실패하는 일이 많은 걸 알잖아. 그래도 언제까지 지금처럼 가르칠 수도 없는 노릇이잖아.'

하루에도 몇 번씩 마음이 갈팡질팡했다. 도전하자니 장차 성공이 보장돼 있지 않다 보니 두려울 수밖에 없었다. 그렇다고 포기하자니 자존심이 상했다. 햄릿이 된 마냥 우유부단하게 고민할 때 도움이 된 책이 《누가 내 치즈를 옮겼을까?》다. 여러 번 읽었지만 읽을 때마다 새롭다. 변화하지 않으면 낙오될 수밖에 없다는 진리를 짧은 우화를 통해 흥미롭게 설득한 책이다.

> 우리에게 주어진 과제는 두 가지라고 생각해. 우리가 포기해야 할 것은 무엇이고 우리가 가야 할 방향은 어디인가 하는 것으로 요약할 수 있을 거야. 변화는 내일 시작되는 게 아니라 바로 오늘 진행되고 있으니까.

책을 읽는 동안 오래 미뤄왔던 결정을 처리했다. 다시 마음이 약해져 결정을 번복할까봐 수강생들에게 "곧 학원을 개설합니다"라고 공표도 해버렸다. 그동안 해온 그 어떤 도전보다 규모가 큰 일이었기 때문에 두려움도 컸지만 도전은 아슬아슬한 긴장감을 동반하기에 매력적인 게 아니겠는가.

과정이 지루했지만 막상 일을 '저지르고' 나니 좋았다. 책임감도 강해지고 자신감도 커져 뭐든 잘할 수 있을 것 같았다. 늘 혼자 힘으로 균형을 잡지 못하고 책의 힘을 빌리지만 책은 한결같은 지원군이자 조언자다. 이보다 든든할 수 있으랴.

삶의 주인이 돼라

도전 의지를 북돋기 위해 책들을 많이 찾아 읽으면서 힘을 얻었지만 실제로 실천하려면 뭔가 아쉬운 지점이 남았다. 각오는 확고한데 막상 현실로 돌아오면 적용하기가 쉽지 않았다. 무엇이 문제인지 알지 못한 채 끙끙대던 차에 《내 안에 잠든 거인을 깨워라》를 발견했다.

"반드시 성공할 것을 안다면 무슨 일을 하겠는가?"

변화심리학의 거장 앤서니 라빈스의 이 책은 내가 미처 깨닫지 못한 내 안의 도전 의지, 잠재력을 깨우는 방법을 체계적으로 알려줬다. 열정을 불러일으키는 데 그치지 않고 현실적인 지침까지 정리한 이 책이야말로 내가 갈구하던 해답이었다. 읽고 또 실제로 적용해보며 효과를 확인해가는 기쁨과 만족도는 치명적이었다.

금방 앤서니 라빈스에 매료됐다. 그럴 듯한 말로 막연하게 설득하는 방식이 아니라 체계적인 프로그램으로 실질적인 성공 전략을 정리해 독자 스스로 변화를 이끌어낼 수 있도록 쉽게 설명하는 그의 스타일이 매우 마음에 들었다.

이후 다시 읽은 그의 책이 《거인이 보낸 편지》다. 그간 주장한 메시지의 핵심만을 추려 간결하게 정리한 앤서니 라빈스의 정수라 할 만하다. '거인'이 상징하는 것은 잠재력이다. 누구나 내 인생을 성공적으로 이끌 수 있는 능력을 갖고 있다는 전제 하에 실천 전략을 간단명료하게 집약해놓았는데 차례만 보고도 마음의 근육이 꿈틀거렸다. 저자를 아는 사람이라면 내 심정에 충분히 공감하리라.

Lesson 1 위기는 곧 기회다
Lesson 2 세상에 실패는 없다
Lesson 3 결단의 놀라운 힘
Lesson 4 확고한 신념이 변화를 일군다
Lesson 5 바라보는 대로 얻는다
Lesson 6 질문이 답을 만든다
Lesson 7 감정을 정복하라!
Lesson 8 성공을 이끄는 말
Lesson 9 비유의 힘으로 돌파하라!
Lesson 10 목표를 세우면 미래가 보인다.
Lesson 11 마음 정복을 위한 10일간의 도전

2005년 무렵 나는 동네 형에게 "형, 우리가 한 달에 백만 원이나 되는 큰돈을 어떻게 벌어요?"라고 진지하게 물었다. 그만큼 자신감이 없던 시절이었다. 그러나 막상 그렇게 말하고 나자 스스로에게 화가 치밀었다. 남자답지 않게 못난 소리를 한 게 너무 속상했다.

그 무렵 《거인이 보낸 편지》를 읽었다. 특히 〈Lesson 3 결단의 놀라운 힘〉은 나태하고 안일한 생각을 고치는 데 도움이 많이 됐다. 책에서 자극을 강하게 받은 뒤로 굳게 맹세했다.

'다시는 PC방을 가지 않겠어! 반드시 한 달에 100만 원 이상을 벌고 말겠어!'

이후로는 동네 형이 PC방 가자고 유혹할 때마다 거절했다.

"미안해요, 형. 이제는 PC방 안 갈 거예요. 전 책을 읽고 영어 공부를 할 거예요."

결심을 실천으로 옮길 때마다 내 안에서 믿음이 생겼다. 신념의 다리가 하나 생긴 것이다. 그리고 매달 다섯 권 이상은 반드시 읽었다. 지금은 내 주변에 매달 열 권 이상을 읽는 사람이 많지만 당시만 해도 한 달에 한 권 이상 읽는 사람이 드물었다. 나는 매달 적지 않은 독서량을 유지하면서 꾸준히 내 자신에게 신념을 부여했다.

'나는 전전달에 다섯 권을 읽었고 전달에는 열 권을 읽은 사람이야! 머잖아 분명히 좋은 일이 생길 거야. 열심히 공부하니까 내가 하는 일은 뭐든 잘될 거야!'

내게 확신을 부여할수록 결과에 대한 기대도 높아져 더 노력하는 선순환 효과가 있었다. 《거인이 보낸 편지》의 〈Lesson 8 성공을 이끄는 말〉

죽음 앞에서 후회하는 것은 하지 않았던 일들이다.
살아 있는 동안 주저 없이 도전하자.
불가능은 도전하지 않은 자의 구차한 변명일 뿐이다.

을 통해서도 긍정적인 말에 기운을 북돋는다는 사실을 깨달아 더 실천하려 애썼다. '화났다, 울적하다' 등의 부정적인 단어 대신 '정신이 번쩍 든다. 행동 전의 고요함' 같은 단어로 대체하고 '운 좋은, 영리한' 보다 더 긍정적인 '엄청나게 복 받은, 비상한' 등으로 표현하는 게 좋다는 말이다.

누구나 부정적인 면면을 갖고 있는데, 장기간 투병과 가난을 경험한 나는 그 정도가 더 심했다. '더워 죽겠네, 추워서 짜증나, 힘들어, 지겨워, 더러워, 못생겼다, 망해버렸다' 같은 단어들을 입에 달고 다녔다. 처음 만나는 사람에게도 우리 집의 어려운 사정과 내 고통을 거침없이 털어놓곤 했다. 내가 부정적인 기운을 토로하니 듣는 사람인들 편했겠는가. 다들 "힘내세요"라고 한마디만 남기고 연락을 끊어버렸다.

처음에는 내 고통을 이해해주지 않는 사람들에 대해 매정하다고 생각하며 서운해했다. 그러나 어느 책에서 '누구나 다 자신만의 짐으로도 충분히 힘들다. 자신의 짐을 남에게 지우려 하지 마라'는 글을 보고 나서는 생각을 바꿨다. 부정적인 단어들을 최대한 자제하려고 노력했다.

내가 뱉은 말은 나에게 되돌아오게 마련이다. 부정적인 말을 쏟아낼수록 부정적인 기운을 받게 되듯이 긍정적인 말을 많이 하니 생각도 긍정적으로 바뀌고 당연히 행동도 달라졌다. 깨달은 바는 몸소 실천해봐야 그 효과를 확인할 수 있는 법이다. 책을 읽는 데 그치지 말고 일상에 적용해 변화를 이끌어내야 하는 이유다.

| 책대로 산다 3 |

탐험하라 꿈꾸라 발견하라

제국주의·인종차별 등에 반대한 사회비평가이자 《톰소여의 모험》 《허클베리 핀의 모험》《왕과 거지》 등으로 잘 알려진 미국의 대표 소설가 마크 트웨인. 어려서 아버지를 여의고 인쇄소 견습공이 되면서 변변한 학교 교육을 받지 못했지만 공립도서관에서 닥치는 대로 책을 읽으며 혼자 노력으로 지식을 쌓았다. 그의 삶은 그야말로 도전으로 점철돼 있다.

> 20년 후 당신은, 했던 일보다 하지 않았던 일로 인해 더 실망할 것이다. 그러므로 돛줄을 던져라. 안전한 항구를 떠나 항해하라. 당신의 돛에 무역풍을 가득 담아라. 탐험하라. 꿈꾸라. 발견하라.

말과 삶이 일치하는 사람의 말은 얼마나 힘이 센가! 죽음 앞에서 하지 않았던 일 때문에 후회하지 않으려면 살아 있는 동안 주저 없이 도전해야 하리라. 도전은 머리로 하는 게 아니라 가슴으로 행동으로 하는 것이다. 탐험하고 꿈꾸고 발견하고 행동하길!

- 《꿈을 이루어주는 코끼리》 ― 미즈노 케이야 지음, 나무한그루

소설 형식이어서 재밌고 쉽게 읽힌다. 꿈을 이루어주는 29가지 실천 과제는 일상적이어서 따라하기 쉽다. 효과는 기대 이상이다.

- 《남같이 해서는 남 이상 될 수 없다》 ― 한상현 지음, 이가출판사

꼭 이루고 싶은 소망이 있다면 당장 행동하라. 지금 이 순간이 지나면 간절하게 소망하던 일이 한순간의 공상으로 끝날지 모른다.

- 《내 나이가 어때서?》 ― 황안나 지음, 산티

도전하기에 늦은 나이란 없다. "이 나이까지 살 줄 알았다면 예순 살에 운전면허를 따는 건데……." 이 말을 듣자마자 힘이 솟았다.

왜 사는가, 왜 읽는가

"누구에게나 정신에 획을 그어주는 책이 있다."
— 파브르 —

　최근에 읽는 멋진 책을 소개할 수 있어 기쁘다. 《수상록》의 작가이자 사상가인 몽테뉴의 내면을 추적한 《위로하는 정신》이다. 몽테뉴에 대해서는 중·고등학생 시절 세계사 시간에 본 기억이 있을 뿐 아는 바가 거의 없었다. '위로하는 정신'이라는 제목에 이끌렸고 얇은 책이어서 읽는 데 큰 부담 없을 줄 알고 펼쳤는데, 보기 좋게 나의 예상을 빗나갔다. 이런 '실패'라면 기꺼이 반갑다. 기대 이상의 성찰과 관점을 확인하는 때만큼 짜릿한 순간이 또 있을까.

'느긋한 독자'의 질문하는 독서

몽테뉴의 전 생을 추적해 고고한 지성의 인간적 고뇌와 시대적 성찰을 복원한 이는 세계적인 전기작가 슈테판 츠바이크다. 다른 분야의 책에 비해 인문서를 많이 읽지 않아 나에게는 슈테판 츠바이크가 낯설었지만 우리나라에도 그를 좋아하는 마니아가 꽤 많다고 안다. (다양한 분야의 책을 읽으며 나의 세계를 확장해가는 것도 책 읽기의 중요한 묘미다.)

한 인간의 삶이 타고나는 천성 못지않게 후천적으로 환경의 영향을 받아 완성되는 만큼, 역사 속 인물을 알려면 그가 살았던 시대적 배경에 대한 이해가 뒷받침돼야 한다. 르네상스, 종교전쟁 등 세계사 시간에 단편적으로 배웠던 역사적 사건을 몽테뉴의 생을 통해 따라 읽으니 광란의 시대가 명쾌하게 이해됐다. 그러면서도 인물의 내적 고민과 변화상을 끈질기게 탐색해 생동감 있는 문장으로 되살린 슈테판 츠바이크의 글쓰기 덕분에 책이 더욱 재미있었다.

책에서 발견한 멋진 메시지를 짧은 글로 정리한다는 게 과욕일지 모르겠다. 지면의 한계도 있지만 그보다는 내 실력이 모자란 탓이 크다. 세기적 지성의 고뇌를 이 한 권으로 어떻게 오롯이 이해했겠는가. 미력하나마 가장 감명 깊었던 내용을 공유하는 수준에서라도 이 책에서 몽테뉴를 소개하고 싶었다. 지나치게 들릴지 모르겠으나 몽테뉴에게서 나를 얼핏 봤기 때문이다.

몽테뉴가 평생 "나는 어떻게 살고 있나?"라는 질문 말고는 아무것도 하지 않았다는 것은 사실이다. 하지만 그에게서 나타나는 놀랍고도 선량한 점은 그가 이 질문을 명령문으로 바꾸려 한 적이 없다는 사실이다.

지성이 전 생을 걸쳐 마음에 담은 화두가 '어떻게 살 것인가'라는 질문이었다는 문장을 읽는 순간 전율이 일었다. 완벽한 수준은 아니지만 나도 책을 읽고 사색할 때마다 항상 질문을 찾으려 애쓰는 편이기 때문이다. 의심이 아닌 의문에 대한 의미 있는 답을 발견하기 위해 또 다른 책을 읽고 생각하고 내 삶에 적용하면서 사는 나에게 몽테뉴는 나의 멘토 그 이상이었다. 이어 문장은 이렇게 이어진다.

무엇보다 경직된 주장을 싫어했고, 자신에게 정확하지 않은 것을 다른 사람에게 충고하려는 시도를 한 적이 없었다.

감탄에 이어 곧 숙연해졌다. 성공이나 권력을 지향하지 않고 오로지 끊임없이 자기 자신을 탐구하는 삶을 추구했던 몽테뉴의 선택이 참으로 위대해 보였다. 그리고 몽테뉴의 삶을 이해하는 데 빠질 수 없는 요소가 책이었다. 공직을 벗어던지고 홀로 은둔하는 삶을 선택하면서도 유일하게 챙겼던 것이 책이었다.

전쟁 와중에도 여행 중에도 항상 책을 지니고 다닌 그도 나처럼 "젊은 시절에는 '남들에게 보이려고' 자랑 삼아 뻐기려고 읽다가 훗날에는 좀 더 지혜로워지려고 읽었"다고 해서 반가웠다. 하지만 "이제는 만족을 위해서 더 많이 읽었지, 절대로 어떤 목적이나 이익을 위한 것은 아니었다"는 그와는 달리 나는 항상 목적을 위해 책을 읽었고 지금도 그렇다. 슈테판 츠바이크의 표현처럼 '느긋한 독자'인 몽테뉴가 내심 부럽기도 하다. 하지만 성장하고 성숙해가야 하는 나에게는 여전히 목적 있는 독서가 필요하다.

그의 독서법 가운데 공감했던 것을 하나만 더 언급하겠다.

> 책이 자기를 자극하기를, 그리고 이런 자극을 통해 뭔가를 가르쳐주기를 원했을 뿐이다. 그는 체계적인 것을, 낯선 의견이나 지식을 강요하는 것을 모조리 싫어했다. 교과서의 요소는 무엇이든 싫었다. "일반적으로 나는 직접 학문을 다룬 책들을 고를 뿐, 학문으로 이끌어주는 책들을 고르지는 않는다." 게으르고 불규칙한 독서법이었지만 얼마나 세련된 독서였던가!

얼마 전부터 고전을 많이 읽으려 한다. 계획한 지는 오래됐지만 제대로 실천하지 못했다. 몽테뉴를 계기로 박차를 가할 수 있을 듯한 기분 좋은 예감을 얻었다. 인류 지혜의 보고라 정의되는 고전과 한 시대를 치열하게 산 인물들의 삶 읽기를 통해 지적 만족, 자기계발이 아닌 유연한 관점과 성숙한 기준을 마련하고 싶은 바람이 있다.

책 읽기의 이로움

나도 책이라면 남부럽지 않을 만큼 읽었고 계속 읽고 있지만 진정한 '책 고수'를 만나면 반갑고 흥분된다. 책 읽기에 대한 고도의 한 수를 배울 수 있는 기회인데 어떻게 즐겁지 않을 수 있겠는가. '간서치看書痴' 이덕무를 알게 됐을 때도 정말 들떴다.

안소영 작가의 《책만 읽는 바보》는 조선 후기의 실학자 이덕무의 자서전이라 할 《간서치전》을 바탕으로 쓴 책이다. 이덕무는 서얼 출신으로서 공직에 나아가 뜻 펼칠 생각을 아예 접고, 오직 집에 틀어박혀 책만 읽고 좋은 벗들과의 사귐을 즐기며 살았다. 사람들은 그를 일컬어 간서치라 불렀다. 책만 읽는 바보라는 뜻이다. 이덕무는 이 별명을 매우 만족스러워했다. 자서전 제목을 아예 '간서치전'이라고 붙였을 정도다.

> 스무 살 무렵, 내가 살던 집은 몹시 작고 내가 쓰던 방은 더욱 작았다. 그래도 동, 서, 남쪽으로 창이 나 있어 오래도록 넉넉히 해가 들었다. 어려운 살림에 등잔 기름 걱정을 덜해도 되니 다행이었다.
> 온종일 그 방 안에서 아침, 점심, 저녁으로 상을 옮겨 가며 책을 보았다. 책 속에 빠져 있다가 햇살이 어느새 고개를 돌려 책장에 설핏 그림자가 드리워도 알아채지 못하다가, 갑자기 깨닫게 되면 얼른 책상을 옮겼다. 그러면 다시 얼굴 가득 햇살을 담은 책이 나를 보고 환하게 웃어주었다.

조금이라도 더 읽겠다고 해가 움직이는 방향을 따라 좁은 방에서 책상을 돌려가며 책을 읽는 이덕무의 모습이 안소영 작가의 매끄러운 묘사 덕분에 생생하게 그려진다. 재미있게 읽었지만 곧 그의 가난과 신분의 한계가 분명하게 보여 가슴이 먹먹했다.

'이덕무에게 책이란 무엇이었을까?' 라는 물음이 마음 한 켠에 큼직하게 들어앉았다. 간서치라는 별명을 들을 때마다 사람 좋은 웃음을 띠었을 테지만 그 웃음 뒤에 숨긴 다른 마음이 또 있지 않았을까 하는 생각이 들었다.

물론 이덕무의 책을 향한 남다른 애정을 의심하지는 않는다. 그에게 독서는 어떤 한계나 제약도 없는 이상향이었다.

> 책상 위에 놓인 낡은 책 한 권이 이 세상에서 차지하는 공간은 얼마 되지 않을 것이다. 그러나 일단 책을 펼치고 보면, 그 속에 담긴 세상은 끝도 없이 넓고 아득했다. (……) 좁은 방 안에 틀어박혀 있으나, 이처럼 날마다 책 속을 누비고 다니느라 나는 정신없이 바빴다. 때론 가슴 벅차기도 하고, 때론 숨 가쁘기도 하고, 때론 실제로 돌아다닌 것처럼 다리가 뻐근하기도 했다.

어느 정도의 수준에 이르러야 그와 같은 경지에 이를 수 있을까. 이덕무의 책 읽기가 부럽고 존경스러웠다. 나는 아직 이 수준에 이르지 못했다. 갈 길이 멀다. 읽고 또 읽을 뿐이다.

이덕무의 삶에서 벗을 빼놓을 수 없다. 스승 박지원과 홍대용을 비롯해 박제가, 유득공, 백동수, 이서구 등 역사 교과서에 등장하던 인물들이 그의 벗이었다. 안소영 작가가 되살린 그들은 젊고 영민하며 따뜻했다. 그들은 함께 읽고 생각을 나누며 뜻을 품었다. 책 읽기의 추억을 공유할 수 있는 벗이라! 멋지지 않은가.

> 우리는 그날 밤 오래도록 이야기를 나누었다. 그는 소년답지 않게 읽은 책도 많고, 생각이 깊을 뿐 아니라 주장도 분명하고 당당했다. 내가 마음에 두고 있는 책을 이야기하면 그가 맞장구치고, 그가 가슴에 담아 둔 구절을 이야기하면 내가 맞장구쳤다. (……) 우리는 책에 취하고 이야기에 취하고, 너무나 잘 맞는 서로에 오래도록 취하였다.

이덕무를 부러워하느라 정작 하고 싶었던 이야기가 밀리고 말았다. 간서치가 말하는 책 읽기의 이로움이 그것이다. 그만큼 몰입해 책을 읽는다는 의미일 것이다. 나도 집중해 읽는 훈련을 꽤 시도했다. 지하철에서 게임을 하던 중 얼마나 집중했던지 하차할 역을 놓친 적이 있다. 게임할 때의 집중력을 책을 읽을 때 활용하면 그 효과가 엄청나겠다는 생각이 들어 당장 시도했다. 짐작했겠지만 금방 주의가 산만해졌다. 실패를 거듭했지만 포기하지 않고 집중하는 습관을 만들기 위해 노력했다. 지금은 무리 없이 집중해 효율적인 책 읽기를 하고 있다. 그 효과를 나름대로 알기에 이덕무가 말하는 책 읽기의 이로움 네 가지에도 수긍이 갔다.

> 굶주린 때에 책을 읽으면, 소리가 훨씬 낭랑해져서 글귀가 잘 다가오고 배고픔도 느끼지 못한다.
> 날씨가 추울 때 책을 읽으면, 그 소리의 기운이 스며들어 떨리는 몸이 진정되고 추위를 잊을 수 있다.
> 근심 걱정으로 마음이 괴로운 때 책을 읽으면, 눈과 마음이 책에 집중하면서 천만 가지 근심이 모두 사라진다.
> 기침병을 앓을 때 책을 읽으면, 그 소리가 목구멍의 걸림돌을 시원하게 뚫어 괴로운 기침이 갑자기 사라져버린다.

이덕무의 독서법도 꾸준한 훈련의 결과일 듯했다. 신분의 한계 때문에 공직에 나아갈 희망을 애초에 버린 그였지만 책을 읽으며 자신을 갈고닦은 덕분에 훗날 운명적인 기회가 찾아온다. 연암 박지원이 규장각 초대 검서관을 찾던 정조에게 이덕무를 천거한 것이다. 여러 서적을 편찬·교정·감수하는 일에 간서치 이덕무만 한 적임자가 없었다. 만약 그가 준비돼 있지 않았다면 눈앞에서 기회를 떠나보내야 했을지 모른다. 그런 차원에서 보자면 책 읽기는 인생을 바꿀 기회를 부르는 주문 아닐까.

독서법을 주제로 《책만 읽는 바보》를 이야기하려다 보니 책의 일부밖에 확인하지 못했다. 초등 고학년을 대상으로 쓴 책이라지만 성인 독자가 읽기에 손색없다. 온가족이 함께 읽어도 좋을 책이다.

우물을 빠져나오는 책 읽기

나는 2005년부터 2011년까지 2,000여 권을 읽었다. 여기서 중요한 것은 숫자가 아니라 다량의 독서를 통해 삶을 바꿨다는 사실임을 강조하고 싶다. 우리 부모님도 그랬지만 '책과 현실은 다르다'거나 '책 읽는 것은 공부가 아니다'라고 생각하는 사람들이 의외로 많다. 하지만 어떻게 읽느냐에 따라 책은 성숙한 성공으로 이끄는 지름길일 수 있다. "아무리 유익한 책이라도 그 반은 독자가 만든다"고 한 볼테르의 말처럼 책 읽는 방법과 관점에 따라 책 읽기의 효과 및 가치가 달라지게 마련이다.

《독서 천재가 된 홍대리》 출간 이후 나의 독서법에 대한 질문을 많이 받았다. 내가 중요하게 생각하는 독서법은 "왜 읽는가?"에 대한 대답으로 대신할 수 있겠다. 바로 나를 성장시키는 독서다. 나는 이것을 주로 '우물에서 빠져나오는 독서'라고 표현한다. 책 읽기에서 가장 중요한 단계이자 첫 난관이 나의 무지를 깨닫는 것이다. 내가 즐겨 쓰는 대로 표현하자면 "무지를 지知하는 것이 지知의 시작이다."

자신의 무지를 깨닫는 순간부터 책에 영향을 받으며 삶을 바꾸는, 즉 나를 성장시키는 독서가 본격적으로 이뤄진다. 무지를 깨닫는 독서란 바로 자의에 의해서든 타의에 의해서든 내가 갇힌 우물을 빠져나오는 독서다. 우물을 빠져나와 드넓은 세상의 존재를 확인하고 나면 다시 우물 안으로 돌아갈 수 없다.

나의 무지를 깨닫고 나면 순차적으로 목표를 향한 독서로 나아간다. 이때부터 치밀한 전략과 성실한 실천, 인내하는 자기와의 싸움이 시작된다. 이런 과정을 지나야만 과거의 무력감과 이별하고 자신감을 회복해 인생역전의 기회를 잡을 수 있다.

하지만 내가 만난 대부분의 사람들이 궁금해하는 독서법은 보다 구체적인 지침이었다. 속독하라, 암기하라, 반복해서 읽어라 같은 기술적인 방법론을 요구했다. 물론 독서 습관을 쌓는 데는 방법론이 도움이 된다. 많은 책에서 다양한 방법론을 설명해놓았지만 모두 적용해보기는 힘들고 자기에게 맞는 몇 가지를 엄선해 실천해보면 효과를 확인할 수 있다.

실은 2009년 말쯤에야 독서법에 관한 책이 있다는 사실을 처음 알았다. '독서법도 책으로 쓰일 수 있다니' 하고 신기해하며 스무 권 정도를 읽었다. 그중 주로 책을 읽어야 하는 동기 부여를 자극하고 독서의 위력을 확인시키는 책 다섯 권 정도를 추천한다. 《독서불패》와 《독서의 이유》가 대표적이다.

세종대왕, 김대중 대통령, 링컨, 에디슨, 오프라 윈프리 등 독서를 통해 성공한 사람들의 이야기를 엮은 《독서 불패》를 읽다 보면 '사람은 책을 만들고 책은 사람을 만든다'는 말을 떠올리게 된다. 책은 '독서는 인생의 호흡'이라고 정의한다. 이를 확대 해석해보면 책을 읽지 않는 삶은 곧 죽은 삶이라는 뜻이 아닐까. 책 읽기의 중요성을 이처럼 간단명료하게 지적한 책도 드물다.

《독서의 이유》는 자기계발을 위한 독서의 유용성을 정리한 에세이다. 제목에서 드러나듯이 책을 읽어야 하는 이유에서부터 책을 고르는 방법, 독서 변화 프로그램까지 알차게 구성돼 있어 손쉽게 적용해볼 수 있다. 무엇보다 저자 자신의 경험을 녹여냈기 때문에 신뢰가 간다.

| 책대로 산다 4 |

읽지 않는 자, 유죄

불과 몇 년 전만 해도 "취미가 뭐예요"라는 질문에 "독서"라는 대답을 쉽게 들을 수 있었다. 실제로 책을 많이 읽으면서 그렇게 대답한 것인지, 아니면 말하기 좋은 그럴듯한 답변이어서인지 몰라도 너무 흔해서 특별할 게 없었다. 내가 권하는 책 읽기는 취미가 아닌 실천을 통한 삶의 변화가 목적이지만 지금은 취미로도 책을 읽는 사람들이 드물어졌다.

책을 읽지 않는 이유에 대해 전문가들이 여러 가지 해석을 내놓았지만 중요한 것은 그런 분석이 아닌 것 같다. 성공에 대한 열망은 갈수록 높아졌는데 책 읽는 사람들은 줄어들었다는 것은 모순이라고 생각한다.

책만큼 확실한 성공의 지름길은 없다고 믿는다. 방향을 제시하고, 긴장이 느슨해졌을 때는 죽비같이 내려쳐 정신이 번쩍 들게 하는 깨우침을 주기도 하며, 지쳤을 때는 위로하고 격려하면서 계속 나아가게 북돋아주기 때문이다. 그래서 나는 책 읽는 사람이 가장 두렵다.

- **《리딩으로 리드하라》** ─ 이지성 지음, 문학동네

실천 독서가 습관으로 자리 잡아 도약이 필요하다면, 나를 넘어 가족과 더 많은 사람들에게 기여하고 싶다면, 인문고전을 읽자.

- **《서른살 직장인 책읽기를 배우다》** ─ 구본준·김미영 지음, 위즈덤하우스

책을 안 읽는 사람들은 책을 읽지 않는 것이 아니라 가장 나쁜 독서를 하고 있는 것!

- **《포커스 리딩》** ─ 박성후 지음, 한언

책은 '보는' 것이 아니라 '읽는' 것이라는 깨달음을 준 책. 목적을 위한 전략적 책 읽기의 중요성과 그 방법을 보여준다.

괜찮다고 말해줄래

> "사실 우리는 힘을 얻기 위해 독서해야 한다.
> 독서하는 자는 극도로 활기차야 한다. 책은 손 안의 한 줄기 빛이어야 한다."
> — 에즈라 파운드 —

수첩을 늘 지니고 다닌다. 약속을 기입하거나 일정을 확인하기도 하지만 더 중요하게는 책에서 발견한 문장을 기록해두었다가 수시로 꺼내 읽으며 마음가짐을 새롭게 하는 데 도움이 된다. 내 마음에 일어난 질문과 사색, 영감을 받은 생각과 발상도 반드시 기록한다. 제때 남겨놓지 않으면 금세 잊어버려 영영 떠올리지 못할 수 있기 때문이다.

2004년부터 수첩에 메모를 하기 시작했다. 습관이 되기까지는 시간이 좀 걸렸지만 메모를 하기 시작한 뒤로는 한해를 시작할 때마다 수첩을 새로 마련하는 것으로 새 출발을 맞는다. 솔직히 말하자면 수첩을 사용하기 시작한 이유는…… 멋있어 보여서다! 대화 도중에 "잠시만요"라며 수첩을 펼쳐 일정을 확인하거나 반드시 기억해야 할 약속들을 기록하는 모습이 꽤 폼 나겠다 싶었다.

재산 목록 1호, 힐링 수첩

시작은 다소 우스꽝스러웠지만 메모하는 게 습관이 되자 즉시 효과가 나타났다. 수첩에 가장 많은 내용을 차지하는 게 책에서 발견한 명문장, 명언 등이다. 반복해서 읽으며 의미를 곱씹고 내 삶에 적용해 실천한다. 그런 과장을 몇 번 거치다 보면 어느새 그 문장이 내 것으로 체화돼 전혀 새로운 문장으로 변모해 있다.

예들 들자면, 사람들과 조금 다르게 사는 내가 초라하게 느껴져 잔뜩 위축됐던 때 '내 길은 내가 만든다'는 문장을 알게 됐다. 당시 내게 반드시 필요한 메시지였다. 곧바로 수첩에 기록하고 이후 마음이 나약해지려는 조짐이 들 때마다 들춰 읽고 또 주문처럼 외웠다. 그리고 어느 순간 '내가 가면 길이 된다'는 깨달음이 선물처럼 찾아왔다.

인생은 자기 자신과의 싸움이라는 점을 명심해야 했다. 1953년 5월, 산악인 에드먼드 힐러리가 천당과 지옥을 넘나들어 인류 최초로 에베레스트를 정복했다. 기자가 소감을 묻자 그는 담담하게 "내가 정복한 것은 산이 아니라 나 자신이다"라고 말하지 않았는가. 그는 당시까지만 해도 허락되지 않은 땅인 에베레스트로 나아가 길을 만들었다. (에드먼드 힐러리의 말을 나는 '내가 정복한 것은 영어가 아니라 나 자신이다'로 수정하기도 했다.)

내가 괴로웠던 만큼 나를 지켜보는 사람들 역시 상처입고 있었다.
위로가 필요한 것은 나만이 아니었다.
기억하자, 우리는 모두 서로에게 상처일 수 있지만, 서로에게 위로일 수도 있다.

거대한 자연에 맞섰고 그보다 막강한 자기 자신과 싸워 결국 승리를 거머쥔 것처럼 나도 '내가 가면 길'이 되는 삶을 살아야겠다는 굳은 다짐을 했다. 그리고 '내 길은 내가 만든다'는 문구 아래 '내가 가면 길이 된다'를 기록할 때의 성취감은 스스로 투병기가 끝났음을 인정했을 때의 승리감 못지않았다.

요즘은 다이어리나 수첩 대신 스마트 기기를 쓰는 사람들이 많다. 하지만 나는 여전히 수첩이 좋다. 이제는 신체의 한 부분처럼 익숙해져 기록하고 펴 보는 일이 전혀 번거롭지 않다. 무엇보다 내 내면의 역사가 오롯이 담겨 있기 때문에 나에게는 무엇과도 바꿀 수 없는 보물이다. 나의 웃음과 눈물, 좌절과 성공, 분노와 감동 등 살면서 느낀 모든 희로애락이 고스란히 저장돼 있는, 재산 목록 1호쯤 되겠다. 수첩은 내게 '힐링 노트'다.

언젠가부터 수첩에 기록되는 내용의 성격이 바뀌기 시작했다. 나를 일으켜 세우기에 급급했던 초기 수첩에는 나를 자극하고 응원하는 내용이 많았다.

"자신에게 명령하지 못하는 사람은 남의 명령을 들을 수밖에 없다 – 니체."

"당신이 그만둘 때 누군가는 계속 나아간다."

"독서는 지식의 재료를 줄 뿐이다. 자기 것으로 만드는 것은 사색의 힘이다 – 로크."

"우리에게 주어진 시간은 아인슈타인, 링컨, 에디슨에게 주어진 시간과 같다."

"내일은 꿈꾸는 사람의 가장 강력한 무기다."

이런 문장들에 기대 살면서 영어강사로 입지를 굳히고 영어학원장이 됐으며 책의 저자가 됐다. 나를 위한 응원과 지지 속에서 성장의 속도를 늦추지 않기 위해 부단히 노력했다. 마음이 흐트러질라치면 이런 문장들이 채찍처럼 나를 내려쳤다. 한낱 말에 불과하다고 생각하는 사람들은 그 의미를 제대로 간파하지 못했기 때문이다. 나를 대입해 뜻을 음미하다 보면 빛처럼 떠오르는 깨달음이 있다. 그것을 간과하지 않고 따라오다 보니 지금에 이르렀다.

이 과정에서 변화가 있었다. 나를 보듬고 질책하던 말들이 조금씩 주변으로까지 가 닿았다.

"부모와 형제들을 즐겁게 하지 못하면서 외부 사람들과 사귀려 해서는 안 된다. 가까이 있는 사람들과 친하게 지내지 못하면서 소원한 사람들과 멋대로 가까이하려 해서는 안 된다."

"다른 사람의 잘못을 비판할 때는 지나치게 엄격하게 하지 말고, 그가 그 책망을 감수할 수 있는가를 생각해야 한다 -《채근담》."

"타인이 갖고 싶은 것을 가질 수 있도록 도와주면 우리가 갖고 싶은 것은 얼마든지 가질 수 있게 된다."

수첩 내용의 변화를 자각했을 때야 비로소 알았다. 위로가 필요한 것은 나만이 아니었다. 내가 괴로워하면 나를 지켜보는 사람들도 상처를 받는다는 것을 깨달았다. 그들 역시 나 못지않게 누군가의 따뜻한 위로를 바란다고는 미처 생각지 못했다. 우리는 모두 서로에게 상처일 수 있지만, 한편 서로에게 위로일 수 있음을 진심으로 이해하게 됐다.

칭찬은 내 인생의 비타민

얼마 전 프로축구 포항 구단이 재미있는 실험을 하고 있다는 뉴스를 봤다. 숙소 안에 고구마 화분 두 개를 놓아두고 각각 '좋은 말 고구마' '나쁜 말 고구마'라고 이름 붙인 뒤 전자에게는 긍정적이고 칭찬의 말을, 후자에게는 악담과 욕을 했다. 똑같은 환경에서 똑같은 물을 주고 길렀지만 60일 후 두 고구마의 생장 결과는 완전히 달랐다. 전자는 무성하게 자란 반면 후자는 발육이 저조했다. 이 결과를 통해 긍정적인 태도와 칭찬의 중요성을 깨달은 포항 구단의 선수들은 서로 칭찬과 감사의 메모를 주고받았고, 2012년 FA컵 대회 결승에 오르는 등 경기력도 향상되는 실질적인 효과도 있었다고 한다.

칭찬 붐을 불러일으켰던 《칭찬은 고래도 춤추게 한다》 이후 긍정의 힘과 칭찬의 중요성을 이야기하는 책이 많이 출간됐고, 칭찬하는 사회문화를 만들려는 각종 시도가 다양하게 진행됐다. 하지만 중요한 것은 실천! 머리로는 이해했지만 정작 칭찬을 하려면 쑥스러운 마음이 앞선다.

칭찬도 습관이 돼야 말하는 사람도 어색하지 않고 듣는 사람도 불편하지 않은 법인데, 그러려면 부단한 노력이 필요하다.

칭찬하고 싶어도 마땅히 칭찬할 거리를 못 찾았다고 말하는 사람들도 있다. 그들은 상대방의 장점보다 단점을 더 부각해 보기 때문이다. 하지만 내가 보고 싶은 대로 본다는 점을 감안하면 결국 문제는 타인이 아닌 자기 자신에게 있다는 사실을 분명히 알아야 한다.

나도 그랬다. 본격적으로 책 읽기를 시작한 초기에는 대부분의 책을 '뻔한 소리'라며 폄하했고, 많은 저자들을 '잘난 체하지만 정작 별 것도 없으면서'라며 시기했다. 내 마음이 병들어 있었으니 온전히 보지도 순수하게 인정하지도 못했던 것이다. 훗날 뒤틀린 시각은 결국 나에게 더 손해라는 사실을 뉘우치고 나니 후회되고 미안했다. 그 뒤로는 신경 써서 긍정적으로 생각하고 칭찬도 많이 하려고 노력했다. '진짜가 되려면 진짜인 척해라'는 말을 실천한 셈이다.

하지만 정말 어려웠고 지금도 잘 실천하지 못하는 것이 가족에게 칭찬하기다. 네 줄짜리 짧은 일기로 전개되는 《엄마, 힘들 땐 울어도 괜찮아》를 눈물로 읽으며 나를 향한 부모님의 희생과 사랑을 다시 확인했다. 가슴이 먹먹해져와 당장이라도 부모님을 꼭 안아드리며 고맙다고 사랑한다고 말하고 싶었지만 막상 부모님 얼굴을 보니 용기가 안 났다.

'가족이니까 굳이 말하지 않아도, 표현하지 않아도 다 알 거야'라고 생각하기 쉽다. 하지만 'Love is touch'라는 노래 가사도 있지 않은가.

독심술이 있지 않은 한 표현하지 않은 마음의 봉인을 풀 수 있는 사람은 아무도 없다.

조심스럽게 용기를 냈다. 안 하던 행동을 하면 부모님도 놀랄 테고, 조금씩 서로가 익숙해지도록 하나씩 실천하기로 했다. 한 달에 한 번씩 부모님과 외식을 하며 대화를 많이 나누려 시도했고, 감사하다는 말을 자주 하려고 신경 썼다.

칭찬을 싫어하는 사람은 없다. 하지만 곰곰 생각해보니 부모님에게 칭찬해줄 사람이 그리 많지 않아 보였다. 칭찬은 고래도 춤추게 한다고 했듯이, 칭찬은 부모님을 춤추게 할 것이다. 부모님이 행복하기를 바란다면, 그리고 가족 모두가 행복하기를 바란다면 주저하지 말고 칭찬하는 작은 실천부터 해보자. 돈이 드는 일도 아니고 오직 진심과 감사하는 마음만 있으면 되는 일이니 문제 될 것도, 핑계를 댈 것도 없다.

"제 부모님이어서 감사합니다."

부모님이 자녀들에게 가장 듣고 싶어 하고 듣기 좋아하는 말이라고 한다. 작은 일에도 부모님을 칭찬해드리는 것, 돈으로는 결코 해드릴 수 없는 진실한 효가 아닐까. 솔직히 나도 처음에는 실천하기가 꽤 어려웠다. 머리로는 할 수 있겠다 싶었지만 막상 부모님 앞에 서니 어색하고 머뭇거리게 됐다. 하지만 실천하지 못하면서 말로만 옳은 소리를 떠벌리는 사람이 되지 않기 위해 계속 노력했다.

사람들을 만나 조언해야 하는 일이 많아지면서 어떤 말을 해줘야 할까 고민해봤다. 나 아니어도 좋은 말씀을 들려줄 사람들은 많겠고, 나만 할 수 있는 유일한 게 뭘까 생각해봤더니 결국 직접 경험해서 좋은 결과를 본 내용들이었다.

성장통 없는 인생은 없다

지금처럼 매사를 긍정적으로 생각하기까지 꽤 시행착오를 거쳤다. 물론 여전히 오해하지 않고 긍정적으로 바라보려 애쓰는 중이긴 하다. 투병기를 거치는 동안 완치를 확신하며 위험 수위에 달할 정도로 스테로이드제를 처방한 무책임한 의사들, 사전에 약속된 바와 달리 의도된 편집으로 한 사람의 인생을 낙오자로 만들어버린 방송 관계자들을 원망하다 보니 세상에 대한 불신이 깊어졌다. 투병기를 지나 간신히 세상으로 나와서는 가난하고 아픈 나를 바라보는 사람들의 무시와 냉대에 상처를 입었다.

아픈 동안 웃음을 잃어버린 사람처럼 표정에서 미소마저 찾을 수 없게 되자 얼굴에는 불만과 냉소만 남아 가끔은 나조차 내 모습이 싫고 두려웠다. 몸만 아픈 줄 알았는데 마음도 같이 시름시름 앓았음을 뒤늦게 알게 됐다.

어릴 적 불렀던 동요 가운데 "여보세요 여보세요 배가 아파요/배 아프고 열이 나면 어떡할까요/어느 어느 병원에 가야 할까요" 하는 노래가 있었는데, 마음이 아프면 어디로 가야 할까? 당시 사람에게 상처받은 내가 기댈 곳은 책밖에 없었다. 《거울의 법칙》도 내게 큰 위로가 돼준 책이다.

> 살아가면서 닥치는 모든 문제는 뭔가 중요한 것을 깨닫게 하기 위해서 발생합니다. 그리고 자신이 해결하지 못할 문제는 절대로 일어나지 않습니다. 모든 문제는 자신이 스스로 해결할 능력이 있고, 그 해결을 통해 무언가 중요한 사실을 배울 수 있기 때문에 생기는 것입니다.

'왜 하필 나에게' 라며 원망하고 억울해했던 시간들이 한꺼번에 무너져 내리는 듯했다. 영광은 시련과 고난을 견딘 자에게만 허락되는 선물이 아니던가. 무엇보다 내가 끙끙대는 문제들을 해결하는 과정은 곧 삶의 지혜를 배우는 과정이라고 하니, 곧 고난과 시련은 '인생의 성장통'으로 이해해도 무방하겠다. 정도의 차는 있겠지만 성장통 없는 인생은 없다.

'왜 하필 나에게 이런 시련이 닥쳤을까?'

정말 오랫동안 가난과 고통에 대한 불평과 세상을 향한 분노로 괴로워하며 우울하게 지냈다. 그러다 문득 '우울해한다고 해서 바뀌는 것은 아무것도 없다' 는 생각이 들었다. 책을 읽다가 발견한 '우리가 선택할 수 있는 것은 환경이 아니라, 주어진 환경에서 어떻게 행동할 것인가이다' 라는 문장이 도움이 됐다.

《운 좋은 놈이 성공한다》에서 읽은 '인생이 힘들다면, 신이 당신을 괴롭히는 것이 아니라 지금 하고 있는 방법이 틀리다고 알려주고 있는 것이다' 라는 문장과 《사소한 것에 목숨 걸지 마라》에서 본 '인생은 레슨의 연속이다' 라는 말도 도움이 됐다. 가난과 투병이 힘들고 괴롭다고 짜증내고 불평해본들 내게 보탬이 될 것은 아무것도 없었다. 아무런 도움이 안 됐다. 근본적으로 해결하지 않으면 언제든 같은 문제로 다시 고통받았다.

지혜로워져야 했다. 당면한 문제를 직시하고 느끼는 바가 있어 행동을 바꾸고 그 결과 성장과 행복이라는 선물을 받았다고 해도 그것이 근본적인 해결은 못 됐다. 고통은 언제든 다른 얼굴을 하고 부지불식간에 다가올 수 있었다. 그럴 때마다 냉철하게 고민하고 현명하게 대처하는 지혜를 가져야 했다. 그런 뒤라야 다른 사람도 섬길 수 있지 않겠는가. 생각이 여기까지 미치자 '고난은, 극복하면 꽃이 된다' 는 깨달음을 발견하게 됐다.

성장통의 아픈 정도가 극심할수록 그것을 극복한 사람은 더 크게 성장하기 마련이다. 이렇게 생각하니 나에게 닥치는 크고 작은 아픔들을 견딜 기운이 생겼다. 생각만큼은 나를 아프게 하는 모든 것들에 기꺼이 감사할 용의까지 있었다.

《거울의 법칙》은 심리학에 바탕을 두고 있지만 매우 쉽게 읽힌다. 위안과 위로를 바라는 사람들이 편하게 읽고 마음 속 상처를 돌아보며 행복으로 나아가는 돌파구를 찾을 수 있도록 배려한 저자의 마음씀씀이 아닐까 싶다.

왕따 피해자인 아들 문제로 마음고생이 심한 아키야마 에이코가 심리학에 조예가 깊은 남편의 친구 야구치 씨를 만나 이야기를 나누며 자기도 몰랐던 내면의 모순과 상처들을 발견하고 근본적인 해법, 나아가 진정한 행복을 찾아가는 과정을 담은 책이다. 드러나는 문제보다 중요한 것은 왜 그런 결과가 일어났는지에 대한 원인이다. 하지만 정작 가시적인 결과에 정신을 빼앗긴 나머지 원인을 냉정하게 돌아보기가 어렵다. 원인을 회피하려는 무의식이 작동해서일 텐데, 곧 문제의 발단이 자기 내부에서 비롯해서다. 근본적인 원인을 알면 문제를 해결할 답은 의외로 쉽게 찾을 수 있다.

> 현실적으로 일어나는 일은 하나의 '결과' 입니다. '결과' 에는 반드시 '원인' 이 있고, 그 원인은 부인의 마음속에 있습니다. 다시 말해 부인의 인생에 나타난 현실은 부인의 마음을 내비치는 거울이라고 생각해도 좋습니다. (……) 인생이라는 거울 덕분에 우리는 자신의 모습을 깨닫고 자신을 바꿀 계기를 얻게 되죠. 인생은 어디까지나 그 사람이 성장해가도록 이루어져 있답니다.

인생은 사람이 성장해가도록 이루어져 있다는 마지막 문장의 치유 효과는 다른 무엇과도 대체가 불가능하다. 불투명한 미래에 대한 막연한 두려움 때문에 도전하기를 두려워하는 많은 사람들에게 이보다 확실한 응원은 없을 것이다. 나 역시 중요한 선택의 기로에 설 때마다 인생은 결국 성장해가도록 이루어져 있다는 말을 되새긴다. 미래가 불투명하고 성공이 보장되지는 않지만 시도도 해보기 전에 주저앉는 경우는 줄일 수 있었다. 내가 어떤 선택을 하든 숙고한 결과이고 또한 결과에 대해 책임을 지기 위해 최선을 다할 것이긴 하지만 말이다.

《거울의 법칙》이 중요하게 내세우는 또 하나의 메시지는 '용서'다. 더 정확하게는 애초에 용서할 일 자체가 없다는 것을 깨닫게 됐다. 투병기를 지나 외모가 변한 줄 모르고 밖으로 나왔을 때 맞닥뜨렸던 사람들의 곱지 않은 시선, 영어를 가르치겠다고 했을 때 들어야 했던 비난과 무시 등은 투병 못지않게 아프고 괴로웠다. 하지만 내게 상처를 줬던 사람들이 의도적으로 행동한 것은 아니었을 거라는 데 생각이 미치자 조금씩 분노가 누그러졌다. 타인을 좀더 배려했다면 좋았겠지만 그들은 단지 평소 해오던 대로 자연스럽게 행동했을 뿐이었다. 이렇게 생각하니 원망하거나 미워할 때보다 몸과 마음이 훨씬 편안하고 안락하며, 정신적으로도 자유로워졌다. 결국 용서는 타인을 위해서가 아니라 자기 자신을 위하고 사랑하는 일이었다.

저자는 원론적인 이야기로만 설득하지 않고 실제로 실천해 효과를 확인할 수 있는 구체적인 지침 '용서하기 위한 8가지 단계'도 정리해놓았다. 도저히 용서할 수 없는 사람을 목록으로 작성해 그중 한 사람을 골라 자신의 감정을 가감 없이 써서 상대방에게 보여준 뒤 종이를 찢어 쓰레기통에 버려라, 용서할 수 없었던 상대에게서 발견한 감사할 일이나 배운 점 등을 적는다는 식으로 실천방법이 매우 구체적이어서 누구나 따라하기 쉽다. 처음에는 '과연 효과가 있을까' 의심스럽겠지만 가랑비에 옷 젖듯 서서히 마음에 변화가 일어날 것이다. 한결 여유롭고 편안해진 나를 발견하게 될 것이다.

| 책대로 산다 5 |

고통이라 쓰고 선물이라 읽는다

독서교육 봉사활동을 하고 있다. 현실적인 어려움, 내면의 아픔 등으로 힘들어하는 사람들 혹은 가난하고 힘없어 소외된 사람들에게 책을 통해 내가 변화하고 성장한 경험을 나누고 어떻게든 돕고 싶어서 시작했다. 돈이나 동정이 아니라 근본적인 변화의 의지를 북돋우는 게 가장 필요하다고 믿기 때문이다. 경험만큼 큰 가르침은 없기에 내 경험이 그들에게 미력하나마 도움이 되기를 바라는 진심을 갖고 그들을 만난다.

전날 나는 책을 통해 도움을 받았다. 이제는 마땅히 돌려줘야 한다. 이런 소명이 다른 사람이 아닌 나에게 허락됐다는 게 감사할 따름이다.

• 《기적은 당신 안에 있습니다》 ─ 이승복 지음, 황금나침반

촉망받는 체조선수가 훈련 도중 사고로 사지마비 장애자가 됐다. 하지만 그는 좌절하지 않고 훗날 세계 최고의 병원인 존스홉킨스 병원의 수석 전공의가 됐다. 이분 앞에서는 내가 고난, 도전, 성공을 이야기하기가 미안하고 초라해 보일 정도다.

• 《내 인생을 바꾼 한 권의 책》 —잭 캔필드·게이 헨드릭스 지음, 리더스북

'우리를 죽이지 못하는 것은 결국 우리를 강하게 만든다.' 내가 겪는 모든 고난과 시련은 결국 나를 단련하는 과정에 불과하다는 깨달음과 기운을 북돋운 책이다.

• 《피아노 치는 변호사, Next》 —박지영 지음, 땅에쓰신글씨

다섯 살에 발병돼 15년 만에 림프샘 암을 극복하고 서울음대·서울법대를 졸업한 박지영 변호사의 감동 드라마. 이 책을 읽는 내내 많이 부끄러웠고 읽고 나서는 감사했다. 이분을 꼭 만나고 싶다.

진정 사랑하며 사는가

"책은 책 이상이다. 차라리 그것은 삶 그 자체다."
― 에이미 로웰 ―

    레프 니콜라예비치 톨스토이. 너무도 친숙하지만 어려운 이름의 이 위대한 작가의 작품을 많이 읽지 못했다. 노팅험대학교의 슬라브 문학 교수 얀코 라브린은 "우리는 톨스토이에 관한 책들만으로도 도서관 하나를 꽉 채울 수 있을 것"이라고 했지만 내가 읽은 거장의 작품은 단편 소설 몇 편에 불과하다.

    톨스토이 작품 중 현재로서는 가장 좋아하는 것이 〈사람은 무엇으로 사는가〉다. 전체 분량은 짧지만 소설에 담긴 주제의 무게는 결코 만만하지 않다. 톨스토이가 민중을 위해 우화 형식으로 쉽게 썼다는 이 감동적인 소설을 통해 나는 내가 사는 이유와 소명을 발견했다. 비단 나뿐은 아닐 것이다.

지난 2003년 인기리에 방영됐던 책 프로그램인 「느낌표」에 선정돼 많은 독자들이 이 소설을 읽었을 테지만 나는 한참이 지나서야 읽었다. 운명에 이끌리듯 멋있는 제목에 이끌려…….

인생에 대한 세 가지 질문

하늘의 천사 미하일이 하나님의 말씀을 어긴 벌을 받아 지상으로 추락했다. 가난하지만 선량한 구두 수선공 시몬이 교회 담벼락에 쓰러지듯 기댄 미하일을 발견하고 측은하게 여겨 집으로 데려간다. 시몬의 아내 마트료나는 처음에는 남편의 행동을 이해하지 못해 불같이 화를 내지만 남편의 설득 끝에 미하일과 함께 살기로 한다. 이후 미하일은 시몬에게 구두 만드는 기술을 배우는데 어찌나 솜씨가 좋은지 삽시간에 시몬의 구둣방에 대한 소문이 자자해진다. 그리고 6년이 지난 어느 날 미하일은 다시 하늘로 올라간다. 하나님이 미하일에게 요구한 세 가지 질문에 대한 진리를 찾았기 때문이다. 결론부터 말하자면, 톨스토이는 이 작품을 통해 민중에게 사랑의 가치를 일깨우고자 했다.

하나님이 미하일에게 던진 세 가지 질문이란 이랬다. 첫째, 사람의 마음에는 무엇이 있는가. 둘째, 사람에게 주어지지 않은 것은 무엇인가. 셋째, 사람은 무엇으로 사는가.

미하일이 발견한 첫째 질문의 답은 사랑이었다. 추위와 굶주림으로 죽어가던 자신을 구해준 시몬 부부에게서 사랑을 보았던 것이다. 둘째 질문의 답은 시몬에게 가죽 장화를 주문하고 돌아가던 중 객사한 부자에게서 찾았다. 부자에게 당장 필요한 신발은 1년 내내 신을 장화가 아닌 죽을 때 신을 슬리퍼였다. 사람에게 주어지지 않은 것은 '자신에게 진정 필요한 것이 무엇인지 알 수 있는 지혜'였다.

마지막으로 사람은 무엇으로 사는가에 대한 답은 쌍둥이 고아를 거둬 6년 동안 예쁘게 키운 선량한 부인에게서 찾았다. 쌍둥이의 친어머니는 6년 전 미하일이 마지막으로 만난 인간이었다. 하나님의 명을 받아 우여곡절 끝에 그녀의 목숨을 거두면서 갓 태어난 쌍둥이가 살지 못할 거라 생각했다. 하지만 6년 뒤 착한 부인의 보살핌 덕분에 예쁘게 자라는 아이들을 만나고 부인의 사연을 듣고서야 마지막 질문에 대한 진리를 깨달았다.

> 제가 사람의 몸으로 살아갈 수 있었던 까닭은 제가 앞날을 고민했기 때문이 아니라, 지나가던 남자와 그 아내의 마음에 사랑이 있어 저를 불쌍히 여겼기 때문입니다. 두 고아가 살아갈 수 있었던 까닭은 모두가 걱정했기 때문이 아니라, 어느 한 여인의 마음에 사랑이 있어 그 아이들을 가엾게 여겼기 때문입니다. (……) 사람들은 스스로 자신에 대한 걱정으로 살아간다고 생각할지 모르지만 사실은 그렇지 않다는 것을 비로소 깨달은 것입니다. 그들은 오직 사랑의 힘으로 살아가고 있었던 거예요.

결국, 사랑이다. 사랑하고 사랑받으며 그리고 사랑을 베풀면서 사는 삶이 진리라는 것을 이보다 아름답게 보여주는 명작이 또 있을까. 기부하고 가르치는 나의 작은 실천도 결국 사랑이다. 내가 받은 무수한 감사와 사랑에 대한 보답이다. 이 사랑을 더 크고 뜨겁게 만드는 것이 나의 소명일 줄 안다.

내 영혼의 건강식

"제목 하고는."

 책을 처음 보았을 때 피식 웃고 말았다. 유머 모음집인 줄 알고 무시하며 몇 년 동안 거들떠보지도 않았다. 제목에 음식 이름이 들어간 경우도 낯설었다. '닭고기 수프'를 먹어보지 않아 짐작하는 수준에 그치지만 우리 음식으로 보자면 닭곰탕이나 맑은 닭개장쯤 되지 않을까 싶었다. '우리 식으로 풀면 영혼을 위한 닭곰탕인가?' 생각이 여기까지 미치자 실소가 터져 나왔다.

 나중에 알았지만, 닭고기 수프는 미국에서 오래 전부터 끓여먹던 몸살감기에 좋은 건강식이었다. 책 제목도 몸이 약해졌을 때 피가 되고 살이 되는 건강식으로 영양을 보충하듯 마음이 약해졌을 때도 이런 음식이 필요하지 않을까 하는 필요성에서 나온 결과물이었던 셈이다. 마음을 치유하는 한 끼라…… 멋지다! 뜻도 모르고 어리석게 웃고 말았다니,

지금 생각해도 얼굴이 화끈거린다.

책을 옮긴 이가 류시화 시인이라는 사실을 뒤늦게 알았다. 더 이상 외면할 수 없었다. 내가 좋아하는 작가가 옮겼다는 이유만으로도 이 책을 읽어야 할 이유는 충분했다. 책을 읽는 내내 부끄러움과 감동이 엇갈렸다. 마음속에 촛불 같은 따사로움이 자리 잡았다.

현실의 욕망에 휩쓸리며 사는 현대인에게 일상의 소소한 행복과 꿈의 가치를 일깨우는 감동적인 이야기 100여 편으로 채워진 《영혼을 위한 닭고기 수프》는 '눈물 없이는 볼 수 없는' 진정 내 영혼을 위한 건강식이었다. 사는 동안 나도 모르게 때로는 정신적 가해자이자 피해자로 사는 우리 모두를 위한 맛있는 힐링 수프였다.

위로와 위안에 사랑만큼 확실한 처방이 또 있을까. 이 책에서 내가 발견한 주요 가치도 사랑이었다. '당신은 사랑받기 위해 태어난 사람'으로 시작하는 노래도 좋아하지만 이 책을 통해 진정 아름다운 사랑은 아낌없이 주는 사랑, 계산하지 않고 베푸는 사랑임을 깨달았다.

> 사랑을 줄 때 우리는 더욱 강해진다. 다른 사람이 우리 자신을 얼마만큼 사랑해주느냐에 행복이 달려 있다고 우리는 믿는다. 그러나 그렇지 않다. 오히려 그런 잘못된 믿음 때문에 많은 문제가 일어난다. 우리의 행복은 우리가 얼마나 사랑을 주느냐에 달려 있다. 얼마만큼 사랑을 받느냐가 아니라, 얼마만큼 사랑을 주느냐 하는 것에.

진정 그러하다는 말은 곧 그만큼 실천하기가 어렵다는 뜻이 아닐까. 그러하기에 그것을 실천했을 때 느끼는 보람과 행복은 세상을 다 얻은 듯 큰 법이다. 세상 사람들이 기적이라 부르는 놀라운 일도 실은 자신을 기꺼이 희생하며 베푼 위대한 사랑의 결실이리라.

집에서 직접 만든 음식이 심신의 건강에 좋은 이유는 신선한 재료뿐 아니라 다듬고 조리하는 동안 정성과 성의, 사랑이 듬뿍 담기기 때문이다. "밖에서 먹는 밥이 집 밥만 하겠니"라며 주걱을 꾹꾹 눌러가며 한 술 더 얹으시는 어머니들의 말씀처럼 바라는 것 없이 묵묵히 그리고 아낌없이 베푸는 사랑과 애정이 집 밥의 진짜 치유력이 아니겠는가.

스테로이드제 복용을 중단한 뒤로 오직 어머니가 해주는 밥만 먹으며 살았다. 아토피는 식이요법이 중요하다. 가려야 하는 게 많다. 없는 가정 살림에 식단까지 신경 써야 했으니 어머니의 삶이 얼마나 고단했을까. 이 책을 읽는 동안 자꾸 어머니 생각이 나 하염없이 눈물이 났.

어린 아들에게 기대가 커 최대한 공부를 시키고 싶어 했던 어머니지만 나는 자랄수록 어머니의 기대에 미치지 못했고 더 커서는 제 몸 하나 가누지 못해 죽을 듯이 아팠으니 그 과정을 지켜보는 어머니의 가슴은 시커멓게 멍이 들었을 것이다. 하지만 아들의 통증을 매만지느라 정작 자신의 가슴이 아픈 줄은 느끼지도 못하며 살았을 어머니의 희생과 사랑이 아니었다면 내가 어떻게 건강을 회복할 수 있었겠는가. 《영혼을 위한 닭고기 수프》에 내 어머니의 사연도 함께 싣고 싶었다.

《신약성서》 7독 후 남은 것들

앞에서 《신약성서》를 7독한 사정에 대해서는 장황하게 이야기했으니 여기서는 생략하려 한다. 다만 다시 생각해도 당시 나는 참으로 어리석었고 소심했다. 그런 상황이 재현된다면 조금은 더 현명하고 멋있게 대처했을 텐데 말이다. 과거의 부끄러운 기억이 남아 있기 때문에 그것을 반면교사 삼아 조금씩 성장하는 중일 테니 이쯤에서 후회는 접으련다.

《사소한 것에 목숨 걸지 마라》를 읽던 중 "바다 위에 배가 지나가고 나면 물결이 남는다. 많은 이들이 그 물결을 어찌해보려고 계속 신경 쓴다. 하지만 배를 움직이게 하는 것은 엔진이지 그 지나간 물결이 아니지 않는가. (……) 과거를 자꾸 돌이키며 후회를 하는 경우엔, 무엇인가 배울 점이 남아 있어서다. 그 배울 점을 배우고 나면 미련이 남지 않는다"라는 내용을 발견하고 내 삶에 적용한 뒤 후회를 하지 않게 된 지 이미 오래다.

《신약성서》를 7독하고 나자 신기한 일이 벌어졌다. 성경의 장황한 내용이 물 흐르듯 매끄럽게 정리됐고 목사님의 설교도 훨씬 재미있게 들렸다. 설교를 듣는 즉시 머릿속에서 성경의 책장이 넘어가면서 해당 내용이 있는 위치에서 활짝 펼쳐졌다. 몇 쪽 몇째 줄에 있는 문장인지까지 훤히 보였다. 스스로도 믿기 힘들 정도로 신기했다. 사람들에게 나의 경험을 설명한들 알아들을 리 없을 게 분명해 입을 다물었지만 솔직히 나조차 설명하기가 어려웠다. 직접 겪지 않으면 모를 놀라운 경험이었다. 거듭 읽다 보니 성경 가르침의 핵심은 결국 사랑임을 깨달았다.

> 내가 너희에게 새 계명을 준다. 서로 사랑하여라. 내가 너희를 사랑한 것과 같이 너희도 서로 사랑하여라. 〈요한복음 14:34〉

예수는 제자에게 배신당해 은화 30전에 팔렸고, 사람들을 사랑했음에도 그들에게 죽임을 당했지만 변함없는 사랑을 베풀지 않았던가. 몸소 무한한 사랑을 실천해 보여줌으로써 '이런 사랑을 너희도 노력하여라'고 호소하는 듯 느껴졌다.

> 사랑하는 자들아 하나님이 이같이 우리를 사랑하셨은즉 우리도 서로 사랑하는 것이 마땅하도다. 〈요한복음 4:7〉

《신약성서》를 7독하고 난 어느 날 강남역으로 나갔다. 바삐 걸음을 옮기는 수많은 사람들, 꼬리에 꼬리를 물고 어디인가로 향하는 차량들, 은은한 조명 아래서 서로를 바라보고 앉은 사람들이 평소와는 다르게 보였다.

'사람들은 모두 사랑하고 사랑받기 위해 사는구나!'

그들은 사랑하는 사람을 보러 가기 위해 걸음을 서두르고, 사랑하는 사람과 행복하기 위해 미소 지으며 교감하고, 사랑받기 위해 멋을 내고, 사랑하는 사람을 진심으로 위로하고 격려하며 살아가고 있는 것이었다. 그들을 움직이게 하는 원동력이 사랑임을 깨닫자 모든 사람들이 더 소중하고 사랑스럽게 느껴졌다.

| 책대로 산다 6 |

목숨을 다해 사랑하라

류시화 시인만큼 사랑을 잘 이해하는 작가를 아직 보지 못했다. 그의 시집 《외눈박이 물고기의 사랑》을 읽을 때마다 감탄한다.

> 혼자 있으면
> 그 혼자 있음이 금방 들켜버리는
> 외눈박이 물고기 비목처럼
> 목숨을 다해 사랑하고 싶다.

이 시를 읽었을 때는 정말 내 깊은 속내를 들켜버린 마냥 얼굴이 화끈거렸지만, 다른 한 편 누군가 내 마음을 온전히 이해해주는 것만 같아 목 놓아 울고 싶었다. 살아 있는 동안 목숨을 다해 사랑하자.

- **《꽃으로도 때리지 말라》** — 김혜자 지음, 오래된미래

10년 넘게 지구 곳곳에서 구호활동을 해온 탤런트 김혜자 씨가 전쟁, 기아, 가난의 현장을 체험하고 쓴 사랑의 기록이다. 타인의 아픔과 슬픔을 보고 가슴으로 공감하며 보듬을 수 있는 진정을 가진 사람은

드물 것이다. 이 책은 진짜다.

- 《나는 정말 너를 사랑하는 걸까?》 ─ 김혜남 지음, 갤리온

사랑의 역사는 인류의 역사와 함께하지 않았을까. 대체 사랑이 뭐길래 사람을 꼼짝 못하게 할까? 사랑받길 바라면서도 사랑하길 두려워하는 사람(바로 나!)들을 위한 심리 치유 에세이.

- 《우리는 다시 만나기 위해 태어났다》 ─ 잭 캔필드 외 지음, 푸른숲

한 사람의 인생에는 희로애락이 모두 존재한다. 고난과 시련이 아무리 거세도 참고 견딜 수 있는 힘은 바로 진정 사랑하는 사람이 함께하기 때문이다. 영혼의 동반자(soul mate)를 만나 사랑하는 사람들의 이야기 41편은 모두 감동적이고 숭고하다.

조화로운 삶이란 무엇인가

> "책을 읽으면서 성인이나 현자를 보지 못한다면,
> 그는 글씨를 베끼는 사람에 지나지 않는다."
> ― 《채근담》 ―

나는 관계 문제가 여전히 어렵다. 학원을 운영하면서 수많은 사람을 만났고 책을 출간한 뒤로는 낯모를 독자들과 만나 이야기도 많이 나눴지만 인간관계는 늘 나에게 힘겨운 과제다.

첫인상을 좋게 남기기 위해 더 자신감 있게 행동하고 목청도 우렁차게 가다듬어 말하며 표정도 밝게 지으려 애썼지만 스스로 느끼기에도 자연스러워지려면 더 노력해야 한다. 나조차도 내 행동이 부자연스러운데 상대방인들 편할까. 상대방과 함께한 자리에 집중하지 못하고 자꾸 딴생각을 기웃거리거나 이야기의 맥락을 놓쳐 주의가 산만해질 때마다 당황스럽다.

관계의 영원한 고전

관심 가는 주제를 다룬 책을 찾아볼 때마다 놀라지만 세상에 읽을 책이 너무 많다. 인간관계 문제로 힘들어하는 게 비단 나뿐은 아닌 듯 서점에 나가 보니 관련한 책이 매우 많았다. 선택지가 광범위하니 무엇부터 읽어야 할지 결정하기가 어려웠다.

사람들이 추천하는 책을 중심으로 차근차근 읽어 나갔다. 대부분 좋은 내용들을 이야기하고 있어 수긍이 갔지만 비슷한 주제의 책을 읽다 보니 거의 비슷한 말이 되풀이되는 것처럼 느껴졌다. '이쯤 알면 좀 나아지려나?' 싶었지만 웬걸, 주제가 주제인 만큼 머리로 아는 것을 넘어 실천하는 것이 가장 중요했다. 하지만 늘 작심삼일로 끝나기 일쑤였다.

익숙해진 책들에 무뎌져갈 무렵 《카네기의 인간관계론》을 발견했다. 1937년 초판이 발행된 오래된 책이지만 여전히 많은 독자들이 찾아 읽을 만큼 유효한 방법론을 제안했다. 자기 관리 분야의 고전인 이 책의 존재를 그제야 알게 된 나의 좁은 식견이 아쉬웠다. '일찍 이 책을 만났더라면 시간도 아끼고 좋았겠다'며 통탄했지만 얼른 생각을 바꿨다. 더 일찍 이 책을 읽었다면 나는 책의 가치를 제대로 알아보지 못했을지 모른다. 진리는 전혀 새로운 것이 아니지 않은가. 익히 알면서도 실천하지 못한 것이 정말 중요한 삶의 지혜이고 진리인 경우가 많다. 중요한 것은 몸소 실행해 변화를 경험하는 일이다.

이 책은 첫인상부터 좋았다. 책장을 넘기자마자 '이 책에서 최대의 효과를 얻기 위한 9가지 제안'이라는 글이 한 쪽으로 정리돼 있었다. 평소 내가 추구하는 책 읽기의 목적은 책에서 얻은 깨달음을 실천해 내 것으로 만들고, 장차 내 삶을 변화시켜 성공적인 삶에 이르는 것인데 일부 내용은 그간 혼자 생각했던 책 읽기의 실천 지침으로도 손색없을 정도로 간단명료하게 정리돼 있었다. 내용이 조금 긴 듯하지만 여기서 정리해보겠다. 이 지침들만 잘 따라가도 살면서 겪는 거의 모든 문제의 해결 실마리를 찾을 수 있겠다는 자신감이 생길 것이다.

1. 인간관계 원칙을 터득하기 위한 진지하고도 강한 의욕을 계발하라.
2. 다음 장으로 들어가기 전에 각 장을 두 번씩 읽어라.
3. 이 책에서 서술한 방법을 어떻게 실행할까 수시로 생각해보라.
4. 모든 중요한 아이디어에 밑줄을 그어라.
5. 매달 한 번씩 이 책을 반복해서 읽어라.
6. 이러한 원칙들을 기회 있을 때마다 응용하라.
7. 친구에게 당신이 이 원리들 중 하나를 위반할 때마다 지적해주면 벌금을 내겠다고 제안하는 등 재미있는 게임을 하라.
8. 당신이 이룩한 진전을 매주 체크해보아라. 당신이 저지른 실수나 잘못 혹은 향상된 점은 어떤 것이 있는지, 미래를 위해 어떤 교훈을 얻었는지를 자신에게 물어보라.

9. 원칙들을 언제 어떻게 응용했는지에 대해 실행한 방법과 그 날짜를 기록해보라.

《카네기의 인간관계론》이 제안하는 기본 원칙 세 가지는 유치원에서 다 배웠을 법한 내용으로 '비난하지 마라, 진심으로 칭찬하라, 상대방의 입장에 서라'다. 앞서 말했듯이 몰라서 행하지 않는 게 아니다. 경쟁을 부추기는 사회에 적응해 살다 보니 칭찬보다 비난에 익숙해졌고, 매사를 내 중심으로 이해하는 데 길들여 있어 나에게는 무척 관대하고 타인에게는 인색한 것을 당연하게 여긴다. 상대방을 비난하고 인색하게 대접하는데 관계가 좋을 리 있겠는가. 결국 관계 갈등의 근본 원인은 바로 내 안에 있다.

빤한 말 아니냐고 생각할지 모르겠다. 다 아는 내용이라고 말할지 모르겠다. 우리는 대부분 한 번 본 것을 안다고 생각하는 경향이 있다. 하지만 누군가를 한 번 만났다고 해서 그 사람을 안다고 할 수 없듯이 책을 한 번 봤다고 해서 그 내용을 안다고 과신할 수 없지 않겠는가.

비난이란 집비둘기와 같다는 것을 명심하자. 집비둘기는 언제나 자기 집으로 돌아오는 법이다. 우리가 바로잡아주려고 하거나 비난하려고 하는 사람은 아마도 그들 자신을 정당화하고 오히려 우리를 비난하려 할 것이라는 사실을 깨닫도록 하자.

저자 데일 카네기는 사람을 움직이는 데 탁월했던 링컨의 성공 비결을 추적했다. 링컨도 처음에는 타인을 비난하던 평범한 사람이었다. 한번은 허영심 많고 싸우기를 좋아하는 정치가 제임스 쉴즈를 비방하는 글을 신문에 게재했다가 목숨을 건 결투를 할 뻔하는 아찔한 사고를 겪은 뒤로 두 번 다시 남을 비난하거나 비웃지 않았다. '남을 심판하지 말라. 그러면 너희도 심판받지 않을 것이다'는 인용구를 가슴에 새기고 평생을 실천하며 살았다. 그런 그의 주변으로 사람들이 모여든 것은 당연한 결과였다.

> 마음으로부터 상대방의 장점을 인정하고 아낌없이 칭찬을 해주어야 한다. 그렇게 하면 상대방은 당신의 말을 일생 동안 마음에 품고서 되풀이해보며 마음을 위로하는 보물로 삼을 것이다. 당신이 까마득히 잊어버린 훨씬 후에도.

사람 사이의 갈등은 어쩌면 당연한 결과인지 모르겠다. 나고 자란 환경도 다르고 성격·성향은 물론 생각하는 패턴도 다르기 때문에 상대방이 나와 같기를 기대해서는 안 된다. 애초에 불가능한 일이기 때문이다. 그렇다고 갈등에 속수무책 손 놓으라는 뜻은 아니다. 비난하지 말고 칭찬하고 타인의 입장에서 이해하려 노력하고 또 노력해야 한다는 의미다. 이 원론적인 방법은 인간관계의 갈등을 해소하는 지침인 동시에 내

비난하지 마라, 진심으로 칭찬하라, 상대방의 입장에 서라.
인간관계의 기본 세 원칙만 실천해도 갈등은 줄어들리라.
사람을 놓치고는 성공을 기대할 수 없다.

삶을 성공으로 이끄는 지름길이기도 하다. 사람을 놓치고 성공하기는 어렵다. 이 책에서 제시한 방법들은 갈등 해소를 넘어 좋은 사람을 불러들이는 묘책 중의 묘책이다.

이 책을 두고 자기계발서 중 최고봉이라며 "이 책 한 권만 읽어도 된다"고 쓴 글을 어디선가 봤다. 많은 사람들이 읽고 인정한 책. 하지만 책의 내용을 실천해서 내 것으로 완성한 사람은 드문 듯하다. 성공에는 인내가 따르는 법. 거북이처럼 느리지만 쉬지 말고 한 발 한 발 나아가다 보면 언젠가는 고지에 다다르지 않겠는가. 포기하고 싶을 때 딱 한 걸음만 더!

습관을 바꾼다는 것

어디서든 누구와든 잘 어울리는 사람을 보면 늘 부럽다. 분위기를 주도하지 않더라도 언제 어디서든 조화롭게 즐길 줄 안다면 그 또한 주인공 아니겠는가. 내 삶의 주인이 되는 길이란 조화로운 삶을 살며 진정한 행복을 일구는 일이 아닐까. 그런 의미에서 《사소한 것에 목숨 걸지 마라》는 나에게 조화로운 삶이란 무엇인지를 가르쳐준 책이다.

원서로도 최소한 서른 번 이상은 읽었다. 저자의 설명 방식과 화법이 마음에 들었다. 서른 번쯤 읽으니 책의 토씨 하나까지 전부 머릿속에 입력됐다. 어떤 상황에 놓이거나 사람을 만나 난처한 일이 생겼을 때 대처

방법을 말해주는 대목이 곧바로 떠올랐다. 실제로 일상에 적용해볼 만한 구체적인 내용들로 가득 차 있어 매우 유익한 책이다. 6개월 정도 책의 내용을 실천하면서 책의 도움을 참 많이 받았다.

책을 암기하기 위해 수시로 책을 펴 읽었다. 공공장소에서는 멋있게 보이려고 원서로 읽었지만 아는 사람과 있을 때는 절대 들키지 않으려고 가방 깊숙이 숨겼다. 버릴 게 없는 내용들이어서 나 혼자만 알고 싶었다.

3년쯤 지나 내 것으로 체화됐다고 느낀 뒤부터 사람들에게 권하기 시작했다. 종종 선물도 했다. 하지만 책이 좋았다고 말하는 사람은 거의 없었다. 내용이 너무 뻔하다고 말하는 사람도 있었다. 내가 받은 충격과 감동을 그들은 느끼지 못했다. 책을 읽는 방식이 나와 달랐던 것이다. 안타까웠다.

조화로운 삶에는 두 가지 습관이 필요합니다.
1. 사소한 것에 목숨 걸지 마십시오.
2. 그건 그저 사소한 것일 뿐입니다.

'조화롭다'의 사전적 정의는 '서로 잘 어울려 모순됨이나 어긋남이 없다.' 여기서도 알 수 있듯이, 솔직히 내가 사람들과 함께하는 자리를 불편해하는 이유는 서로 잘 어울리지 못해 모순되고 어긋나다고 느끼기 때문이다. 그 원인은 오롯이 나에게 있다. 하등 중요하지 않은 사소한 것들을 집요하게 물고 늘어지는 성격 탓이다. 그 결과는 어김없이 나에게 돌아와 책에서 말하듯이 '과민 반응하게 되거나 균형 감각을 잃어 일을 그르치게 되고, 지나치게 집착하게 되고, 자꾸 인생을 부정적으로 바라보게' 된다. 악순환이다.

> 사소한 일에 목숨 거는 데 삶의 에너지를 너무 많이 허비한 나머지 삶의 매력이나 아름다움과는 완전히 담을 쌓고 사는 사람들이 너무 많습니다. 사소한 일에 목숨 걸지 않기로 노력하겠다고 다짐만 한다면, 당신은 보다 관대하고 부드러워질 수 있는 에너지를 훨씬 많이 가지게 될 것이다.

선순환이다. 「사소한 것에 목숨 걸지 마라」 시리즈는 인생을 장기적인 관점에서 멀리 내다보면서 직면한 문제들과 마주보면 정말 중요한 것이 무엇인지를 판단할 수 있다고 조언한다. 이 시리즈 덕분에 삶을 대하는 자세가 과거에 비해 한결 여유로워졌음은 당연하다.

어려서는 굼뜨고 매사가 느긋했지만 성인이 돼 목표를 향해 내달리기 시작하면서부터 성격이 급해졌다. 일을 처리하는 속도가 빨라지고 말이 빨라졌으며 걷는 속도도 빨라졌다. 선천적으로 타고난 성격은 게으르고 움직이기 싫어했지만 목표에 다가가자니 갈 길이 멀다고 느껴져 나 자신을 다그치고 보채게 됐다.

하지만 나를 채근할수록 목표에 가까워지기는커녕 처리해야 할 일이 많아지고 정작 집중해야 할 일에 몰두하지 못하는 상황에 처했다. 주요도에 따라 일을 분류하고 체계화하는 데 서툴러 고생을 심하게 했다. 「사소한 것에 목숨 걸지 마라」 시리즈를 알지 못했다면 더 혹독하고 오래 고생했을지 모른다. '인생은 고난의 연속'이라는 말처럼 사는 것 자체가 스트레스의 지뢰밭이다. 하지만 보기에 따라 상황은 얼마든지 달라질 수 있다. 어떻게 대처하느냐에 따라 스트레스의 강도를 줄여 보다 행복에 가까이 다가갈 수 있다. 바로 이것이 이 책에서 발견한 주요 깨달음이었다.

〈인생은 비상사태가 아닙니다〉〈남의 말을 잘 들어주는 사람이 되세요〉〈침울한 기분에 휘둘리지 마세요〉〈모든 것에는 신의 지문이 묻어 있습니다〉〈친구와 가족에게 기꺼이 배우세요〉〈나눔은 그 자체가 보답입니다〉〈많을수록 좋다는 생각을 버리세요〉 등 행복하고 조화로운 삶을 위한 삶의 습관 100가지는 매우 구체적이고 냉정하다. 읽다 보면 내 탐욕과 과욕을 확인하게 돼 종종 불편해지는 순간과 마주치지만 그래서 실천 의지가 확고해진다.

그리고 마지막에 이르러 100번째 글에서 '오늘이 생의 마지막 날인 것처럼 사세요'라는 문장과 마주서면 정신이 번쩍 든다. '세 살 버릇 여든까지 간다'는 속담은 그만큼 버릇이나 습관을 고치기 어렵다는 뜻이다. 하지만 당연하다며 시도도 하기 전에 포기하지 말고 "나의 세대가

이룩한 발견 중에서 가장 위대한 것은 습관을 바꾸는 것만으로도 자신의 인생을 확 바꿀 수 있다는 사실이다"고 한 사상가 윌리엄 제임스의 말에서 용기를 얻자. 한 달에 하나씩만 실천해 습관으로 만든다면 2년 후 내 모습은 확연히 달라져 있을 것이다.

| 책대로 산다 7 |

그 섬에 가고 싶다

정현종 시인의 짧은 시 〈섬〉을 읽고 나는 전율했다. 외로움에 몸서리쳤다. 사람 사이의 관계 문제에 대해 이처럼 아름답고 간명하게 보여줄 수 있을까.

나와의 소통도 어려운데 하물며 나 아닌 다른 사람과의 관계가 어렵지 않다면 그 또한 이상한 일이겠다. 이렇게 인정하고 나니 마음이 한결 편해졌다.

다른 일도 그랬지만 사람 사이의 관계 문제도 공부가 필요하리라. 내 성격적 개선점도 있겠지만 타인에 대한 이해도 중요하니까. 《카네기의 인간관계론》《사소한 것에 목숨 걸지 마라》 외에도 관계 문제, 나아가 행복한 삶을 공부하는 데 유익해 많이 추천했던 책 몇 권을 소개하겠다.

- 《무심無心》— 문화영 지음, 수선재

자유롭고 싶다면, 행복하고 싶다면? 저자의 처방은 명쾌하다. "무심無心해져라!" 우리 삶이 힘들고 고단한 이유는 너무 복잡다단하게 얽혀 있기 때문이다. 지나친 기대, 욕심을 줄이고 현재에 최대한 집중하며 최선을 다하고 만족한다면, 즉 무심하다면 행복해진다는 게 이 책의 핵심 메시지다. 무심의 유쾌한 재발견.

- **《30년만의 휴식》** — 이무석 지음, 비전과리더십

행복은 어디에 있을까. 행복한 삶을 위해 부와 명성만 좇는 사람은 어리석다. 건강과 원만한 관계 없이는 그 누구도 행복할 수 없다.

가난하다고 꿈조차 가난할까

"책 읽기가 고통스러운 것은,
책 읽기처럼 세계를 살 수 없기 때문이다."
— 김현 —

　가난은 나에게 많은 것을 일깨웠지만 과거에는 정말 지긋지긋했다. 2005년 무렵 부모님이 운영하던 식당이 부도가 났을 무렵에야 '이대로는 안 되겠다'는 위기감이 들었다. 부모님께 물어 부채 규모를 확인했다. 생각보다 액수가 컸다. 빚을 청산해야겠는데 그때만 해도 나는 돈에 무지했다. 경제관념이 전혀 없었다. 어디서부터 어떻게 손을 대야 할지 갈피가 서지 않았다.

　돈에 대해 고민하며 둘러보니 세상에는 두 부류의 사람만 존재하는 듯 보였다. 부자 사람, 가난한 사람! 두 부류의 차이가 무엇인지 궁금했다. 부자는 어떤 생각을 하며 어떻게 사는지 알아야 나를 둘러싼 가난한 환경을 바꿀 대책을 세울 수 있겠다 싶었다.

부富란 무엇인가

부를 살펴보기 전에 돈부터 알아보자. 과거부터 돈에 대한 평가는 극단적이었던 것 같다. 속담이나 관용구만 살펴봐도 호불호가 극명하게 나뉜다. '돈만 있으면 귀신도 사귄다' '돈을 주면 배 속의 아이도 기어 나온다' '돈이면 나는 새도 떨어진다' 같은 속담은 돈으로 못할 일은 없다며 돈의 위력을 높이 평가한다. 반면 '돈 다음에 나온 놈'은 돈밖에 모르는 인색한 사람을 욕하는 북한 속담이고, '돈 한 푼을 쥐면 손에서 땀이 난다'는 수전노처럼 돈밖에 모른다는 뜻으로 부정적인 의미를 내포한다.

사실 돈은 물질적인 재화일 뿐 그 이상도 이하도 아닐지 모른다. 돈에 의미를 덧입히고 호불호를 가르는 것은 사람들의 욕망이 작용한 결과일 것이다. 하지만 돈이 너무 없으면, 즉 가난하면 삶에 직접적인 영향이 미친다. 물론 반대의 경우도 마찬가지겠지만, 가난은 안전과 안정을 위협하는 만큼 심각성이 크다. '가난 구제는 나라님도 못한다' '무전유죄無錢有罪 유전무죄有錢無罪' 같은 말의 현실적인 무게는 정말 절망적이다.

솔직히 말해 나는 돈에 무지했다. 돈에 관심 갖는 것을 경시했고, 구체적으로 돈 이야기 하기를 꺼렸다. 그저 '성실하게 일하고 번 돈으로 사치하지 않으면 누구나 잘살 수 있는 것 아냐'라며 고민조차 피했다. 수수방관한 셈이었다.

관심이 없어 몰랐는데 부자와 관련한 책이 엄청나게 많았다. 편견을 갖고 무시했는데 의외로 유익한 정보와 좋은 내용이 많았다. 특히 마음에 와 닿았던 책이 《부의 법칙》이다. '당신을 부자로 만들어주는' 열여덟 가지 법칙을 정리한 책으로, 돈에 대한 기존의 편견과 몰이해를 걷어내고 긍정적인 새로운 안목을 갖게 해줬다. 부의 법칙 첫 번째 항목이 바로 '부에 관한 고정관념을 깨라'다.

"부(부자)는 물질적인 풍족은 물론 정신적으로 (충만한) 만족을 누리는 삶을 뜻하는 것으로 부자가 되고 싶은 욕망은 인간으로서 당연히 품어야 할 욕망이므로 잘못된 것이 아니다"는 문장을 보는 순간 해방감 같은 것을 느꼈다. 그때까지만 해도 여전히 돈에 관심을 갖는다는 데 대한 죄의식 비슷한 감정을 갖고 있었기 때문이다.

더불어 고정관념을 경계해야 하는 이유도 깨달았다. 고정관념은 나를 우물 안으로 가둬 자연스럽게 일어나는 의문들을 내부에서 사전 검열하도록 장치를 만들어 나의 성장을 가로막는 걸림돌로 작용한다는 것을 뒤늦게나마 알았다. 마음에 버티고 섰던 단단한 벽을 허물고 나자 책의 메시지가 막힘없이 와 닿았다. 부의 법칙 열여덟 가지는 다음과 같다.

1. 부에 관한 고정관념을 깨라
2. 부의 원리를 적용하라
3. 여백을 만들라

4. 불타는 열망을 가져라

5. 상상력을 동원하라

6. 꿈의 실현을 명령하라

7. 타인의 성공을 빌어줘라

8. 돈에 대한 모순된 생각을 버려라

9. 부유해지기 위해서 일하라

10. 사랑과 친절을 베풀라

11. 경제적으로 독립하라

12. 당신의 직관에 따르라

13. 잠재된 특별한 능력을 깨워라

14. 자신감을 가져라

15. 당신의 매력을 발휘하라

16. 긍정적 사고로 빚에서 벗어나라

17. 부의 사고로 건강을 되찾아라

18. 끊임없이 인내하라

부의 법칙은 성공의 법칙과 크게 다르지 않았다. 그리고 내가 바란 성장의 법칙과도 닮아 있었다. 달리 말해 성장하고 싶다는 나의 바람은 성공하고 싶다, 부자가 되고 싶다는 바람과 다르지 않다는 의미였다. 물론 엄정하게 따져보면 다른 지점이 발견되지만 전체적인 방향에서는 자신감을 갖고 자신의 꿈을 향해 나아간다는 점에서 크게 다르지 않았다. 더 이상 망설이거나 주저할 이유가 없었다.

여기에 "당신이 할 수 있는 것과 할 수 있다고 꿈꾸는 것은 무엇인가? 바로 그것을 시작하라. 용기 속에 천재성과 힘 그리고 마법이 들어 있다"는 괴테의 응원이 힘을 실어줬다. 내가 실현하고자 하는 한국의 왕초보를 위한 영어강사, 나아가 노래 잘하는 영어강사이자 몸과 마음이 건강한 책 중독자가 돼 돈을 많이 벌어 유형·무형의 자산을 함께 나누는 삶을 살아야겠다고 다짐했다.

25년 후의 나를 만나라

인식 전환의 힘은 내가 봐도 무서웠다. 부자가 되는 가장 기본 법칙은 뭐니 뭐니 해도 절약이었다. 아끼고 또 아꼈다. 식비를 아끼기 위해 기업 식당에 가서 직원들 틈에 끼어 밥을 먹기도 하고, 가끔은 700원 하는 편의점의 삼각김밥으로 간단히 해결하기도 했다. 차비를 아끼기 위해 웬만한 곳은 걸어다녔다. 카드 돌려막기를 하던 부모님을 설득해 카드를 모두 없앴고, 입·지출 내역을 빠짐없이 가계부에 기록해 재정 규모를 파악했다.

부모님의 경제 능력에 기댈 수 없었다. 당시 우리 집에서 나의 수입이 가장 많았다. 수입의 20퍼센트를 기부하고, 거의 대부분 빚을 갚는 데

썼으며, 나머지는 저축했다. 생활비는 최대한 적게 지출했다. 그리고 5년 이내에 억대 빚을 거의 모두 갚았다.

나의 경제관념에 가장 큰 영향을 미친 사람은 보도 섀퍼다. 스물여섯 살에 파산했다가 8개월 만에 빚을 모두 청산하고 서른 살에 이자 수입만으로 생활이 가능한 부자가 된 경험을 통해 그는 실질적인 부의 산지식을 얻었다. 나아가 자신의 경험을 혼자 누리지 않고 보다 많은 사람들에게 전함으로써 부의 기회를 확산시켰다. 《보도 섀퍼의 나는 이렇게 부자가 되었다》는 경제적 자유를 쟁취하는 비법을 정리한 책이다.

내가 특히 눈여겨보고 실제로 도움을 받은 것은 저축과 투자를 적절히 배분해 신경 쓰지 않아도 돈이 모이는, 즉 돈이 돈을 버는 '시스템'이었다. "하루 종일 일하는 사람은 돈을 벌 시간이 전혀 없다"는 록펠러의 말처럼 내 시스템은 제대로 운영 중인지 점검해봐야 했다. 확신이 없었지만 솔직히 당시는 여유가 전혀 없었다. 당면한 목표부터 해결해야 했기 때문에 빚을 갚는 데 집중할 수밖에 없었다. 하지만 시스템의 중요성은 기억했다.

그러려면 돈을 버는 방법을 고민하기 전에 자신이 좋아하는 일을 찾아야 한다고 조언했다. 진정한 성공의 척도는 수입이 아니라 일을 통해 느끼는 성취감, 기쁨, 생의 의미이기 때문에.

당신이 사랑하는 일을 하라. 마치 게임같이 여겨지는 일을 찾아라. 그래

나를 알고 세상을 이해하는 최고의 방법은 직접 체험이다.
온실 속 화초처럼 산 사람은 몸으로 얻은 통찰로 무장한
사람의 깊이와 넓이를 헤아릴 수 없다.

야 잘할 수 있다. 그래야 제대로 많이 벌 수 있다. 그래야 삶의 질을 누릴 수 있다.

보도 섀퍼는 내가 처한 상황을 냉정하게 돌아보게 했다. 내가 잘할 수 있는 일을 지금 하고 있는지 의심하고 확인하게 했다. "첫째가 돼라. 그럴 수 없다면 새로운 포지셔닝 카테고리를 만들어내라"는 말처럼 과연 나는 첫째가 되기 위해 나아가고 있는지 되물었다. 다행히 나의 목표 설립은 잘 수행한 듯해 안심이 됐다.

이어 가슴을 세게 가격한 문장은 이것이었다.

> 25년 뒤 당신의 모습을 오늘 만나게 된다고 해보자. 그가 당신에게 무어라 조언할까? 그가 당신에게 몰두하라고 할 가장 중요한 일은 무엇일까?

25년 뒤 아버지의 나이가 됐을 내 모습을 그려봤다. 그리고 중년의 내가 청춘의 나에게 뭐라고 말할지 곰곰 생각해봤다. 현재 나의 선택과 행동이 25년 뒤의 나를 좌지우지할 수 있다고 생각하니 지금 이 순간이 매우 중요하게 다가왔다. 내가 좋아하는 일에 미쳐 살기에도 모자란 삶이 아닌가. 가장 좋아하는 분야에서 최고가 되기 위해 최선을 다해야 했다. 운 좋게도 나는 간절하고 절박했다. 요행을 바라거나 다른 선택을 기웃거릴 여유 따위는 없었다. 나의 성장과 성공을 위해 이 한 몸 부서져라 던져보기로 결심했다.

> 심장이 단 한 번도 부서지지 않고서 제대로 된 사랑을 한사람은 없다. 마찬가지로 손실 없이 부자가 된 사람도 없다.

346만 달러짜리 점심식사

대체 가난이 뭘까? 사람들이 외면하고 싶어 하는 데는 그만한 이유가 있을 터. 국어사전을 찾아보니 가난이란 '살림살이가 넉넉하지 못하여 몸과 마음이 괴로움. 또는 그런 상태'란다. 문제의 핵심은 괴로움이다. 가난은 몸을 고단하게 할 뿐 아니라 마음도 병들게 해 결국 불행하다고 느끼게 한다. 그렇다면 과연 부유해지면 행복할까? 몸은 덜 고단할 수 있겠지만 마음은 또 다른 이유들로 인해 얼마든지 아플 수 있다. 욕망은 욕망을 부추겨 더 많은 부를 원한다. 어리석게도 만족을 모른다.

중요한 것은 돈에 대한 철학이다. 30대 초에 백만장자가 된 혼다 켄은 "부자가 되더라도 행복하지 않으면 아무 소용이 없다. 부를 쌓고도 불행한 부자가 너무 많다"며 안타까워한다. 《부자가 되려면 부자에게 점심을 사라》는 자신도 행복하고 다른 사람도 행복하게 만드는 진정한 부자가 되는 지혜가 담긴 책이다.

부자가 되기 위해서는 어쩔 수 없이 돈에 집착하게 됩니다. 그렇다고 해서 돈을 좇는 것만으로는 안 됩니다. 중요한 것은 자신이 정말로 다른 사람에게 도움이 되는가를 자신이 번 돈을 통해 안다는 것입니다.

이 책의 시작은 흥미로운 설문조사에서 비롯됐다. 혼다 켄이 고액 납세자 1만 2,000명을 대상으로 "부를 쌓기 위해서는 무엇을 해야 합니까?"라고 물었다. 그들 중 대다수를 차지하는 자수성가형 백만장자들은 정신력과 멘토, 친화력, 현명한 투자 등이 부자 되는 비결이라고 대답했다. 나머지 18퍼센트에 해당하는 상속형 백만장자들은 성실과 근면, 강한 리더십, 항상 지지해주는 배우자 등이 성공의 열쇠라고 대답했다.

유형별 백만장자들의 다채로운 인터뷰를 책 한 권으로 확인하는 것은 엄청난 행운이다. 저마다의 원칙과 철학을 갖고 있지만 저자가 발견한 공통된 특징 열 가지는 좋아하고 잘하며 나를 기쁘게 하는 것을 업으로 삼는다, 성실, 행운, 위기 극복의 힘, 다른 사람들의 지지, 인생의 스승, 배우자와의 좋은 관계, 독특한 자녀교육, 장기적 안목, 신속한 결단력이었다.

백만장자에게서 위와 같은 부의 철학을 들을 수 있다면 당신은 과연 얼마를 지불할 의사가 있는가? 2000년부터 시작된 '버핏과의 점심' 경매에서 2012년 6월 최고 낙찰가가 나왔다. 무려 346만 달러! 우리 돈으로 환산하면 약 40억 6,000만 원쯤 된다. 그만한 대가를 치를 만큼 가치

있다고 판단하는 것이다. 《부자가 되려면 부자에게 점심을 사라》는 책의 제목처럼 낙찰자는 워런 버핏 회장에게 346만 달러짜리 점심을 사는 것이다. 과연 나에게 이런 기회가 온다면 얼마를 지불할 수 있을까? 좀 더 고민해봐야 알 것 같다.

돈에 대한 나의 철학을 짧게나마 덧붙이고 싶다. 관심을 갖고 공부를 하기 시작하던 시기만 해도 돈에 대한 나의 생각은 매우 이중적이었다. 부자가 되고 싶다는 욕망과 '부자가 되면 오히려 돈의 노예가 돼 괴롭지 않을까' 하는 우려를 동시에 갖고 있었다. 하지만 지금은 생각이 좀 다르다. 자연의 순리와 마찬가지로 돈은 마땅히 흘러야 한다. 물이 고이면 썩듯이 돈이 내 안에 고이면 부패하게 마련이고, 그것은 욕망으로 변질돼 크고 작은 문제의 원인이 된다.

나는 돈의 흐름을 원활하게 하는 매개일 뿐이다. 잠시 맡아둔 것일 뿐 애초에 내 것이 아니었고, 끝내 내 것일 수 없다고 생각한다. 돈이 좋은 방향으로 흐르도록 길을 터주는 것, 많은 쪽에서 적은 쪽으로 이동하며 균형을 맞출 수 있도록 방향을 잡아주는 것, 바로 그것이 돈을 소유한 사람들의 역할이 아닐까 싶다. 마찬가지로 돈을 버는 이유도 돈이 필요한 곳으로 보내기 위해 최선을 다할 뿐이다. 그래야 다 같이 조화롭게 행복할 수 있지 않을까.

| 책대로 산다 8 |

삶에 대해 "예"라고 말하는 것

나치수용소 생존자들의 증언은 그 자체로 역사이자 서사시다. 단어 하나, 문장부호 하나마저 겸허한 마음으로 신중하게 읽게 된다. 빅터 프랭클 박사의 기록 《죽음의 수용소에서》(빅터 프랭클 지음, 청아출판사)를 읽으면서도 어떤 마음자세로 살아가야 할지 다시 한 번 각오를 다졌다.

시련에도 불구하고 살아남아 유대인이 세계 최고의 부자가 될 수 있었던 데는 많은 이유가 있겠지만 이처럼 목숨을 위협받는 상황에서도 희망을 놓지 않는 강인함이 있었기 때문이 아닐까.

진정한 부는 재화의 축적이 아니라 고난이든 축복이든 삶을 대하는 자세의 문제임을 다시금 깨닫는다. 조금 길지만 저자의 서문 일부를 여기서 인용하겠다.

> 부헨발트 강제수용소의 수감자들이 "그럼에도 삶에 대해 '예'라고 말하려네" 하고 노래한 건 단지 노래로 그치지 않았습니다. 그들은 그 노랫말을 갖가지 방식으로 실행했던 것입니다. 그들과 또 다른 수용소에 있던 많은 사람들이 말입니다. 외적으로나 내적으로나

이루 말할 수 없는 조건들 속에서도 그것을 실행했습니다. 그 조건들이 어땠는지는 이제 와서야 제대로 말할 수 있지요. 그런데도 오늘날 비교적 더 좋은, 그때와는 비교할 수도 없을 정도로 더 나은 상황 속에서 그 모든 것을 실행할 수 없다고 해야 할까요? 그러므로 삶에 대해 "예"라고 말하는 것은 어떠한 경우라도 의미 있을 뿐만 아니라 어떠한 사정이 있다 해도 가능한 것입니다. 삶 자체가 의미 있는 것이니까요.

Reading Story
삶을 바꾸는 실천 독서법

책을 읽는 동안 내가 얼마나 나를 몰랐는지
통렬히 깨달아야 한다.
안다고 믿었던 것이 아는 게 아니었음을,
진리라고 믿었던 게 허상임을 아는 순간
자신의 무지와 맨얼굴로 직면하고 충격을 받을지 모르겠다.
그래도 희망을 놓지 말자.
바로 그 순간이 내가 진정한 성장을 위해
도약하는 출발점이라는 사실이다

진정 알고 있을까

> "진정한 책을 만났을 때는 틀림이 없다.
> 그것은 사랑에 빠지는 것과도 같다."
> — 크리스토퍼 몰리 —

독서법에 대한 질문을 자주 받는다. 하지만 독서를 하는 여러 가지 방법에 대해 기술적으로 설명할 생각은 없다. 중요한 것은 배우려는 간절한 마음이기 때문이다. 배우려는 마음이 간절할수록 바쁜 와중에도 짬을 내 많이 읽게 되고, 빨리 읽으면서도 집중하고, 메모하고 암기하고 깨달음을 삶에 적용해 실천하게 된다. 자신의 무지를 깨닫는 게 중요하다. 그 깨달음이 배우려는 간절함을 증폭시켜 자연스럽게 책을 읽게 이끌기 때문이다. 간절한 만큼 책의 핵심을 오롯이 이해하고 자신의 삶에 적용해 실천하는 힘이 강해지기 때문이다.

여기서는 지금까지 내가 경험했고, 실천을 통해 실제로 삶이 변화하는 것을 확인했으며, 강연과 스터디 등을 통해 사람들을 만나 여러 차례

언급한 적 있는 나만의 독서법을 정리하겠다. 여전히 공부해서 보강해야 할 내용이 많지만, 지금 단계로도 도움이 됐다는 분이 있다면 무척 감사할 것이다. 그리고 많은 사람과 함께 고민하면서 같이 완성해갈 수 있다면 그 또한 보람될 것 같다.

유일무이한 나를 찾아서

얼마 전 한 청년을 만나 이야기를 나눴다.

"한두 해 전에 자기계발서를 많이 읽었는데 읽다 보니 전부 거기서 거기더라고요. 지금은 안 읽어요."

내가 성장을 시작한 뒤 계속 들어온 말이지만 들을 때마다 안타까웠다. 몇 달을 고민하다 '책은 마음의 거울'이란 비유를 떠올렸다. 거울을 볼 때 거울 자체가 아닌 거울에 비친 내 모습을 본다. 마찬가지로 책을 읽을 때도 단순히 글자만 보는 게 아니라 '나는 책대로 하고 있는가'를 물어야 한다. '다 안다'고 말하는 순간 어리석은 교만과 편협한 오만의 늪으로 빠져 들어가게 된다.

"왜 책을 읽어야 하죠?"

이런 질문을 받을 때마다 나는 되묻고 싶다.

"왜 자기 자신을 알아야 하죠?"

논지를 흐린다고 생각할지 모르겠으나 내가 정의하는 책 읽기란 '진

나를 성장시키는 책 읽기,
바로 이것이 내가 지향하는 책 읽기의 목표다.
내가 갇혀 있는 우물을 빠져나와 나의 실체와 더 큰 세상을 만나는 책 읽기다.

정한 나를 알아가는 훈련'이자 '유일한 나를 발견해가는 여정'이다.

복잡다단한 일상을 살아가다 보면 자칫 나를 잊고 지낼 때가 많다. 일에 떠밀려, 사람들 사이의 관계에 치여, 사회적 위치 때문에 부여받은 책임감에 눌려 금세 피로와 짜증에 갇히고 만다. 그나마 자기 문제로 스트레스 받는 게 전부라면 다행이다. 나를 둘러싼 환경뿐 아니라 나와 무관한 듯 벌어지는 세상사에 치이면 혼자서는 해결할 방법을 찾기도 난감하다. 갈수록 세상은 복잡해지고 나를 둘러싼 환경은 급변하는데 나만 그대로 정체돼 있다면 혼란만 가중될 수 있다.

발 빠르게 대응할 수 있는 순발력과 손해 보지 않을 전투력을 확보하자는 게 아니다. 중요한 것은 세상이 아무리 흔들어대도, 사람들이 사방에서 잡아당겨도 흔들리지 않을 내 중심을 바로 세우는 일이다. 주체적이고 창조적으로 삶을 일굴 수 있는 진정한 주인이 되자고 말하는 것이다. 그러기 위해 반드시 갖춰야 할 자질이 나 자신을 바로 아는 것이다. 그리고 나를 아는 가장 빠르고 쉬운 방법이 책 읽기다.

엄밀하게 말하자면 나를 알고 세상을 이해하는 최고의 방법은 직접 체험이다. 산전수전 다 겪어본 사람의 내공은 어떤 세상과 맞서도 두려울 것이 없을 정도로 강력하다. 목숨 걸고 세상과 맞서 싸워 얻은 지혜의 가치는 값을 따지기 힘들 정도다. 온실 속 화초처럼 산 사람은 몸으로 얻은 통찰로 무장한 사람의 깊이와 넓이를 도저히 헤아릴 수 없다.

하지만 광활한 세상의 경험을 다 해보기란 생이 유한하다. 과거부터 책 읽기를 강조한 까닭도 나를 대신해 몸소 경험한 사람들의 지혜를 듣고 깨우치자는 데 있다. 시간과 노력을 아껴 다양한 삶을 간접 체험함으로써 무지를 통렬히 깨닫고 있는 그대로의 자기 자신을 돌아볼 수 있기 때문이다. 간접 체험으로 책 읽기만 한 것이 없기 때문이다.

18세기 프랑스 사상가 볼테르는 "당신은 책을 좋아하지 않을지 모른다. 그런 당신은 분명히 생활 가운데 부질없는 야심과 쾌락의 추구에만 열중하고 있을 것이다. 그러나 세상은 당신이 생각하는 것보다 훨씬 광범하며 그 세계는 책에 의해 움직이고 있다"고 했다. 그의 말처럼 오늘날 많은 사람들이 추구하는 열망의 대부분은 자기가 들어앉은 우물 안에서만 보이는 한정된 것이다. 언제든 대내외적 힘에 의해 사라지거나 가치가 퇴색될 위험이 충분한 소모적인 것에 신경 쓴 나머지 정작 중요한 것은 놓치고 있다.

책을 읽는 동안 내가 얼마나 나를 몰랐는지 통렬히 깨달아야 한다. 안다고 믿었던 것이 아는 게 아니었음을, 진리라고 믿었던 게 허상임을 아는 순간 자신의 무지와 맨얼굴로 직면하고 충격을 받을지 모르겠다. 그래도 희망을 놓지 말자. 바로 그 순간이 내가 진정한 성장을 위해 도약하는 출발점이라는 사실이다.

내가 지향하는 책 읽기의 목표는 나를 성장시키는 책 읽기, 즉 내가 갇혀 있는 우물을 빠져나와 나의 실체와 더 큰 세상을 만나는 책 읽기다. 단순히 글자만 보는 것은 아무 의미 없다. 정말 아는데 실천하지 않는 것만큼 나쁜 것은 없다. 좋은 것을 배웠으면 반드시 실천으로 옮기고 실제로 체험해서 자기 인생으로 만들어야 한다. 그 과정에서 맨 정신으로 나를 부정해야 하는 상황과 마주칠지 모르고, 누구보다 신뢰했던 자기 자신에게 실망해 불신하게 될지 모르겠다.

하지만 장담하건대 의지를 갖고 실행한 책 읽기의 대가는 기대 이상일 것이다. 세상에 그 증거는 많다. 여전히 성장하는 과정에 있어서 다른 본보기보다 미흡하긴 해도 나 역시 책 읽기를 통해 인생을 역전시킨 한 사례다. 절망이 절망인 줄도 모를 만큼 무지했고 내세울 것 하나 없었던 내가 가난과 병마를 극복할 수 있었던 비결이 책 읽기였음을 다시 한 번 강조하고 싶다.

만약 힘들다고 불평하면서, 부족하다고 말하면서, 자신 없다고 포기한 채 책조차 읽지 않는다면 자기 삶의 주인으로서 직무를 유기하는 셈이다. 그러면서 성공의 기회를 바란다면 욕심이 지나친 게 아닐까.

보다 vs 알다

흔히 '보다'와 '안다'를 같은 의미로 혼용한다. 예컨대 '세종대왕을 아는가?'라고 물으면 대부분 '안다'고 대답하지만 사실은 고작 이름을 들어본 정도 아닐까? 한 사람을 한 번 보거나 그의 이름을 들어봤다고 해서 그에 대해 '안다'고 말할 수 없다. 마찬가지로 책을 그냥 한 번 봤다고 해서 그 내용에 대해 정말 '안다'고 말할 수 있을까?

'시간은 금이다'라는 말을 들어봤을 것이다. 나도 어려서부터 많이 들어서 잘 아는 말이라 생각했다. 그런데 시간 관리에 관한 책을 100권 이상 읽자 '시간은 정말 금이구나'라는 걸 깨닫게 됐다. 시간 관리와 관련해 몇 시간 동안 강의를 진행할 수도 있게 됐다. 이정도가 '아는 것'의 시작이라 생각한다.

이렇게 알아도 실천하지 않으면 헛되다. 그럼에도 우리는 대부분 책을 읽기도 전에 '안다'고 생각한 나머지 배움을 얻지 못하게 된다. 안다고 믿는 것을 의심하자. 지금 안다고 생각하는 것은 고작 들어봤거나 본 것에 지나지 않을지 모른다. 책을 왜 읽어야 하는지에 대해 단순히 '읽으면 좋으니까'라고 생각하면서 안다고 말해서는 안 된다. 당신이 누구인지 아는가? 당신이 무엇을 갖고 싶은지, 진정으로 하고 싶은 것이 무엇인지 대답하지 못하면서 자신을 안다고 말할 수 있을까? 자기 자신도 모르는데 다른 사람에 대해 쉽게 안다고 말할 수 있을까? 사람뿐 아니라 사물·지식·지혜에 대해서도 마찬가지다.

안다고 믿는 것을 경계해야 하는 가장 큰 이유는 '이미 많이 알고 있다'는 교만과 착각에 빠져 자기 안에 갇히고 말기 때문이다. 나를 가둔 우물의 벽은 아주 견고할 뿐 아니라 스스로 깨닫지 못하고 계속 나만 옳다고 고집부리면 조금씩 더 높아진다. 누가 대신 꺼내줄 수도 없다. 오직 자기 투지와 노력으로 안간힘을 다해 노력해야만 간신히 빠져나올 수 있다. 그리고 우물의 벽을 허물 수 있는 확실한 열쇠 중 하나가 바로 책 읽기다.

우물 안 개구리

우물을 빠져나와 바깥세상을 처음 접하는 순간 대부분의 반응은 놀람과 충격에 이어 부정이다. 우물 안의 개구리를 생각해보자. 우물 안에선 개구리가 왕이다. 조그마한 올챙이들, 기껏 해봤자 다리까지 자라난 올챙이들을 보며 비웃을 것이다. 그런데 어떤 계기로 우물 밖으로 나왔다고 가정하자. 신세계다. 닭도 있고 개도 있다. 엄청난 소리를 내며 위협적인 동작으로 돌아다닌다. 눈앞에 펼쳐진 우물 밖의 존재들과 세상을 확인하는 순간 개구리는 생각한다.

'말도 안 돼. 저렇게 큰 무엇인가가 존재할 리 없어. 이건 환상이야. 이 세계는 뭔가 이상해. 내게 위협적이고. 여기 있으니 기분도 좋지 않아. 내가 살던 곳으로 돌아가야겠어!'

개구리에게 우물 안은 안전하고 자기가 최고라고 느끼며 살 수 있는 이상적인 공간이었다. 우리의 모습도 개구리와 다를 바 없다. 중소기업 '따위'에 다니는 선배가 하는 조언은 신경 쓸 것도 없다고 생각한다. 직장인은 상사와 사장을 무시한다. 일만 시키기나 할 뿐 하는 일도 없으면서 돈만 많이 받는다고 생각한다. 베스트셀러를 읽으면서 '뻔한 소리로 책 팔

아먹는 장사꾼'이라며 비난한다. 공자, 소크라테스, 예수 같은 선지자의 위대한 지혜와 성찰이 담긴 진리의 말씀들을 고리타분하다며 무시한다.

자기 자신이 전혀 객관화돼 있지 않다는 사실을 모르는 것이다. 이런 상태로는 누구를 만나든 어떤 책을 읽든 아무것도 배우지 못한다. 왜냐면 '내가 최고'니까. 내 우물 안에서는 나를 위협할 누구도 무엇도 없다. "최고인 나에게 '감히' 누가 조언하는 거야!"라고 큰소리친다. 책의 내용이 와 닿을 리 없다. 이런 마음가짐으로는 자기 자신을 바로 알기 힘들다. 그러므로 자신의 능력을 계발할 기회도 갖지 못한다. 평생 우물 안에 갇혀 자기만족만 하다 고만고만하게 살게 뻔하다. 의외로 많은 사람들이 이렇게 살아간다.

드물지만 대다수 사람들과 다른 접근을 하는 사람들이 있다. 자신에게 솔직하고 인정하고 용기를 낸다. 우물 밖 세상이 거짓이 아니라 미지의 실재라는 것을 깨닫는다. 아직 경험하지 못했기 때문에 설명하기 힘들지만, 충분히 알아볼 가치가 있고 도전하면 재미있을 것 같다고 기대한다. 그래서 개천으로 뛰어들고 강으로, 바다로 멈추지 않고 나아간다. 때로는 여러 가지 위험 요소를 만나기도 하지만 늘 새로운 하루하루를 활기차게 즐긴다. 그 과정에서 매순간 새로운 자기 자신을 발견하고 성장하는 재미를 알게 된다. 지금까지와는 전혀 다른 삶이 펼쳐진다.

바로 이것이 내가 강조하는 '무지를 지^{知}하는 순간'이다. 무지를 지^{知}하는 것이 지^{知}의 시작이다. 무지를 지^{知}하는 것이 진정한 삶의 시작이다.

성장하는 책 읽기 5단계

> "사람은 부족함을 깊이 깨달으면 깨달을수록 좋다.
> 그것이야말로 행복의 출발이다."
> — 빌리 그레이엄 —

책 읽기는 읽는 행위에서 그쳐서는 안 된다. 읽고 난 뒤에는 크든 작든 내 삶에 영향을 미쳐 흔적을 남기고, 성장과 성공의 길로 인도해야 한다. 책 좀 읽는다고 자부하는 사람들은 예나 지금이나 많다. 하지만 책 읽기를 통해 자신이 처한 환경을 극복하고 성공을 쟁취한 사람은 드물다. 왜일까? 내가 발견한 바로는 책을 읽는 방법에 차이가 있었다.

다양한 부류의 독자가 있다. 지적 유희를 충족하기 위해, 지혜의 통찰을 얻기 위해, 성공하는 방법을 찾기 위해, 기술을 터득하기 위해, 정서적 안정을 추구하기 위해, 행복한 성장을 위해······. 내가 추구하는 것은 행복한 성장을 도모하는 책 읽기다. 소설류나 재미만을 위한 책, 상식·정보만 다룬 책은 이 독서법에 맞지 않을 수 있다.

평가하는 책 읽기

나는 비평과 비판하며 읽는 것을 낮은 단계의 책 읽기라고 생각한다. 이보다 더 하수는 잘난 체하기 위해 책을 읽는 것이다. 부끄럽게도 중학생 시절 책에서 본 어려운 단어들을 읊어대며 친구들 앞에서 우쭐대곤 했다. 과시하기 위해 읽었으니 책에 대해 내용이며 구절이며 기억에 남은 게 전혀 없다. 시간만 허비한 셈이다. 논할 가치도 없다.

책에 대한 비평과 비판을 자랑 삼아 이야기하는 사람들이 있다. "그 책 별로야. 뻔한 소리뿐이고, 그 분야 책들을 짜깁기한 게 아닌가 싶을 정도야. 읽을 필요 없어"라거나 "재미없어. 읽지 마. 완전 지루해. 당연한 소리들만 늘어놔. 그런 소리는 나도 하겠다"라며 책을 폄하한다. 이쯤 되면 비평·비판이 아니라 비난이다.

평소 책 좀 읽는다는 사람들 중에는 평가하는 독자가 많다. 서평을 읽다 보면 종종 볼 수 있는데, 일단 책의 내용에 대해 점수를 매기고 단점을 찾아내 신랄하게 비판한다. 내용이 유치하다거나 글이 산만하고 비문이 많다는 등 본질적인 핵심을 간과하고 지엽적인 문제들을 확대 해석한다. 장점에는 매우 인색하고 단점은 크게 부각하는 능력이 탁월하다.

평가에 능한 독자를 보고 혹자는 똑똑하다거나 유식하다며 부러워한다. 하지만 평가하고 얻는 것은 무엇일까? 읽은 책에서 배울 점을 발견하지 못하니 이런 식의 독서로는 성장을 기대하기 힘들다.

보는 책 읽기

독자 대부분이 두 번째 단계인 보는 책 읽기에 속한다. 책을 읽는다고 하지만 실제로는 책장에 인쇄된 글자만 볼 뿐이다. 책을 구경했다고 표현해야 더 옳을까.

책의 내용에 대해 따로 사색하지 않기 때문에 책을 다 읽고 나면 곧바로 일상으로 복귀한다. 어쨌거나 책을 '봤기' 때문에 책에 대해 '다 안다'고 믿는다. 비판하지 않는다면 그나마 다행이다.

보는 책 읽기를 하는 사람과 읽은 책에 대해 이야기를 나누다 보면 대화가 진전되지 않아 곧 실망하게 된다. 앞서 이야기한 단지 눈으로 훑으며 봤을 뿐이면서 안다고 착각하는 경우에 해당하는 것이다. 책의 핵심 메시지가 무엇인지, 가장 인상적인 내용은 무엇이고 왜 그렇게 생각하는지, 나아가 내 삶으로 어떻게 적용해봤는지 등을 전혀 설명하지 못한다. 그런 게 왜 중요한지 전혀 이해하지 못한다.

많은 독자들이 유희나 여가생활의 일환으로 책을 본다. 책 읽기를 통한 성장은 접어두고, 책을 보는 동안이나마 즐겁고 유쾌했다면 나름대로 목적에 부합하는 책 읽기라고 봐야 할까. 하지만 책을 읽는 잠시의 심리적 만족만 추구하기에는 책 읽기의 이로움이 너무 다양하다. 실제로 책을 통해 조금의 변화를 확인하고 나면 한 단계 더 나아갈 수 있는 가능성이 충분히 내재해 있는 만큼 책 읽기의 목적을 수정해보기를 권한다.

지식을 얻는 책 읽기
⋮

　세 번째, 강의나 자랑할 목적으로 책을 읽는 단계다. 지식을 얻기 위한 자료로서 책을 읽기 때문에 매우 꼼꼼하고 정확하게 읽는다는 장점이 있다. 그리고 다른 사람들에게 지식을 잘 전달해야 하는 차후의 목적도 있어서 반복적으로 읽으며 내용을 숙지한다. 단지 보는 책 읽기에 만족하는 독자에게는 지식 추구형 책 읽기가 대단한 경지로 보이겠지만, 사실 헛똑똑이에 불과하다. 깨달음이 없기 때문이다.

　지식보다 더 중요한 것은 지혜다. 물론 지식을 섭렵하는 과정에서 지혜를 발견하기도 한다. 하지만 지식에만 가치를 둬 자랑 삼아 지식을 충족해서는 깨달음을 얻지 못한다. 책을 통해 전문 지식은 쌓았을지언정 정작 중요한 자기 자신에 대해서는 무지할 수 있기 때문이다. 자신의 성향과 삶의 태도, 매우 구체적으로는 책 읽는 습관의 장단점까지 자기를 들여다보는 눈은 뜨지 못한 채 지식을 바라보는 눈만 뜨고 있다면 삶의 균형을 잡기가 어렵다.

　지혜는 조화와 균형 잡힌 삶 속에서 자연스럽게 드러난다. 예컨대 먼 과거 문자가 양반 계층의 전유물이던 시대에 평민 이하의 계층은 육체적 노동에 종사하며 살았지만 그들 중에도 매우 지혜로웠던 사람들이 대단히 많았다. 일부러 깨우치지 않아도 자연의 순리대로 살면서 터득한 앎인 것이다. 그들에게 삶은 그 자체로 앎이었다. 삶이 앎이 되는 책

책 읽기는 읽는 행위에 그쳐서는 안 된다.
실천하는 책 읽기는 크든 작든 내 삶에 영향을 미쳐 흔적을 남기고,
행복한 성장으로 이끈다.

읽기, 내가 추구하는 바람직한 지향점이다.

실천하는 책 읽기

책을 읽은 뒤 사색하고 하나라도 제대로 실천하려 노력하는 책 읽기가 네 번째 단계에 해당한다. 이 독자들은 책의 글자를 단순히 보는 것은 무의미하고 실천해서 이후 크고 작은 변화들을 확인하는 작업이 유의미하다 점을 잘 이해한다.

　책에서 본 내용을 실제로 적용해보는 과정에서 '책의 내용이 내 삶과 연결되는구나' 라는 깨달음을 얻게 된다. 여기서부터가 진짜 독서다. 배우려는 의지, 실천에 옮기려는 노력이 있기 때문에 책 읽기를 통한 변화의 결과를 빨리 확인할 수 있다.

　이 단계에서는 다양한 분야의 책과 다채로운 자극을 선사하는 책을 읽으며 자기를 계발하면 성공적인 사례를 많이 남길 수 있다. 가시적인 성과를 확인하며 책을 읽기 때문에 읽고 사색하고 실천하는 일련의 과정도 기꺼이 즐긴다.

　독서법을 다룬 많은 책들이 실천의 중요성을 강조함에도 행동으로 옮기는 사람들이 드문 까닭은 '실천의 중요성'을 보는 순간 '당연히 알지, 누가 그걸 모르나. 하기가 어려워서 그렇지' 라고 생각해버리기 때문이다. 안다고 생각하므로 거기서 생각이 멈춰버린다. 자꾸 안다고 생각하는 교만을 내려놓고 나 자신을 돌아봐야 한다(책은 마음의 거울임을 다시 한 번 강조한다!).

책에서 좋은 내용을 발견하면 '어떻게 실천해서 내 삶에 적용해볼까?'를 고민해야 한다. 성장을 잘하는 사람들의 공통점 중 하나는 잘 받아들인다는 것이다. 책 읽기의 가장 중요한 지점은 나를 비우고 적극적으로 배우려고 하는 태도가 아닐까 싶다.

창조적 책 읽기

책 읽기 최고의 단계다. 창조는 어느 분야든 최고의 경지다. 책 읽기도 예외가 아니다. 책의 내용을 항상 실행하려 노력한다. 즉 간접 체험으로 얻은 지식을 직접 체험해봄으로써 지혜로 체득하는 것이다. 그 후에도 책을 덮지 않고 마음에 항상 펼쳐둔 채 틈이 생길 때마다 곰곰 사색하면서 내용을 발전시킨다. 저자의 지혜가 독자의 지혜로 거듭나는 창조적 과정인 것이다. 책, 영화, 미술, 강연, 사업·경영·기획·마케팅 아이디어 등 결과물의 형태는 다양하다.

창조적 독자는 책 읽기의 진정한 의미를 잘 이해하므로 스스로 깨달은 바를 보다 많은 사람과 공유하려 한다. 함께 나누고 같이 공감할수록 더 큰 창조적 에너지가 만들어지기 때문이다. 전달자와 수용자 모두에게 유익하다.

나의 멘토였던 이지성 작가가 창조적 책 읽기의 대표 실천가라 하겠다. 그는 최고 단계의 책 읽기를 통해 자신의 성공을 쟁취하고 이후에는 강연과 집필, 봉사활동 등 다채로운 창조적 작업들을 완성해가고 있다.

나도 책 읽기의 완성도를 높이기 위해 꾸준히 노력한다. 최근에는 고전 읽기에 집중하려 한다. 인류의 유구한 역사를 통해 지속적으로 영향을 미쳐온 정신적 자산인 고전 읽기를 통해 지혜를 쌓고 사랑을 실천하는 창조적 삶을 일구고 더 많은 사람들과 함께 의미 있는 시도를 열어가고 싶다.

THX 독서법

"부당하게 잊히는 책은 있어도 과분하게 기억되는 책은 없다."
— 오든 —

2005년부터 2011년까지 약 2,000권 이상을 읽었다. 처음에는 왜 책을 읽어야 하는지, 어떻게 읽어야 삶에 도움이 되는지 가르쳐주는 사람이 없고 나도 방법을 몰랐다. 무식하게 무조건 읽고 또 읽었다. 당시 나는 어리석게도 내가 똑똑하다, 내가 아는 것이 다 맞다고 생각했다. 하지만 《누가 내 치즈를 옮겼을까》를 다시 읽던 중 '한 번 읽은 책을 다시 읽어도 또 다른 배움이 있을 수 있을까?' 하는 의문이 들었고, 이 질문을 붙들고 2년 넘게 책을 읽다 보니 나의 무지가 깨지게 됐다. 내 생각이 틀릴 수 있다고 생각하며 책을 읽으니 저자의 의견에 대해 긍정적으로 생각하고 신뢰하는 일이 점점 많아졌다.

생각이 바뀌니 행동도 달라졌다. 그 결과 성장이 시작되고 인생이 바뀌었다. 이미 많은 책에서 말하길 생각이 바뀌어야 행동이 바뀌고, 그 행동이 반복돼 습관이 되며, 습관이 반복되면 성격이 되고, 그 성격으로 그 사람의 인생이 만들어진다고 했다.

  삶을 바꾸는 책 읽기의 중요한 출발은 생각이 바뀌면서 자신의 무지를 깨닫는 것이다. 나는 이것을 '우물 탈출'이라고 부른다. 우물 안에서 책을 읽으면, 읽을수록 오히려 교만해진다. 점점 '아는 것'만 많아지니 행동이 바뀔 턱이 없다.

우물 탈출 프로젝트

일단 우물을 빠져나와야 한다. 물론 우물 밖으로 나왔다고 해서 자신이 우물 안에 갇혔다는 사실을 깨닫거나 우물 밖에는 지금껏 한 번도 경험하지 못한 엄청난 새로운 것들이 있다는 사실을 인지하지는 못한다. 아직은 아무것도 모르기 때문이다. 경험한 것이 없으니 자신이 얼마나 무지한지, 아니 자신의 현 상태조차 제대로 파악하지 못한다. 단지 스스로를 비우고 도전하고 경험하고 배우면서 자신의 어리석음을 더 알아갈 뿐이다.

  나는 2005년 이후 지금까지 2,000 몇 백 권 쯤을 읽었다. 무지를 깨닫고 난 뒤 읽은 책들을 통해 조금 성장한 것은 사실이다. 그러나 세상에 존재하는 지식과 지혜가 얼마나 많은가! 고작 2,000여 권 읽은 것을 가지고 뭔가를 안다고 말할 수는 없다. 배우면 배울수록 알게 되는 것은

스스로 쌓은 작은 울타리 안에 갇혀 안전하다 믿고 있는가.
외부에는 위협 요소도 있지만 성장 요소도 함께 존재한다.
우물 안에 갇혀 있다가는 성장할 기회마저 잃고 만다.

나는 모르는 것이 너무 많다는 사실이다. 더욱 겸손해지고 더욱 배우고 싶을 뿐이다.

노년의 아인슈타인에게 한 제자가 물었다고 한다.

"교수님은 그토록 지식이 많은데 왜 계속 공부하시고 배우려 하십니까?"

잠시 고민하던 아인슈타인이 칠판에 작은 동그라미를 하나 그리고 대답했다.

"세상의 지혜를 이 칠판이라 가정하지. 내가 알게 된 것은 작은 원 안에 있는 것뿐이네. 이 원이 커져서 원 밖의 세계와 닿는 부분이 많아질수록 내 부족함을 더 알게 되고, 원 밖의 세상이 더 존재하리라는 것을 추측할 수 있다네. 그러면 그럴수록 나는 끝없이 부족하고 세상의 지혜는 끝없이 무한하다는 것을 알게 될 뿐이지. 이게 내가 공부를 멈출 수 없는 이유라네."

세기의 천재 아인슈타인조차 늘 자신의 무지를 인식하며 공부를 게을리하지 않았다. 하물며 보통의 인간인 우리는 무슨 핑계가 있으랴. 공부를 할수록 모르는 세상이 더 많이 보이더라는 아인슈타인의 대답이 우리에게 던지는 메시지는 명확하다.

읽어라! 읽을수록 자신의 무지를 발견하게 될 것이다! 당당히 무지를 인정하라! 자신의 무지를 보지 못하는 사람은 더 큰 세상, 더 성숙한 자신과 만나지 못할 것이다!

나는 책 읽기에 대한 강연을 하면서 내 경험을 많이 이야기한다. 내 경험이기 때문에 다른 사람들이 대신 말해줄 수 없고, 그게 내가 가장 잘할 수 있는 내용이기 때문이다. 내 이야기를 듣는 사람들이 나와 같은 변화를 경험하고 자신감 있게 꿈을 향해 나아가기를 진심으로 바랐다.

그러자니 내 이야기를 보다 체계적으로 전달할 수 있는 방법이 뭘까 고민됐다. 독서법 책을 많이 참고했다. T자형 인재, T자형 독서법 등이 눈에 띄었지만 내가 느끼고 깨달은 내용을 다 보여주는 데는 한계가 있었다. 오래 숙고한 끝에 콜럼버스의 대 발견까지는 아니지만 나만의 독서법을 설명할 명쾌한 방법을 찾아냈다. 나는 여기에 'THX 독서법'이라고 이름을 붙였다.

《독서 천재가 된 홍대리》에도 소개한 적 있지만 설명이 부족했던 것 같아 좀더 자세하게 정리해보겠다. 하지만 스스로 경험하기 전까지는 이해하는 데 한계가 있을 것이다. 꼭 직접 경험해보고 깨닫기를 바란다.

1단계 T자형 만들기

많은 사람들이 'O' 안에 갇혀 지낸다. 즉 스스로 쌓은 작은 울타리다. 하지만 본인이 갇혀 있다는 사실을 아는 사람은 드물다. 자신의 무지를 알게 되는 것과 객관화에 대한 두려움 때문이겠지만, 두려워할수록 우물의 벽은 점점 높아져 결국 평생을 자신 안에 갇혀 살게 된다. 죽을 때까지 '살아 있되(survive) 살지(live) 못하는' 것이 된다.

우물 안 개구리, 새장 안의 새로 사는 것도 나름대로 의미 있을 수 있다. 하지만 바깥으로 나와 무한한 세상을 직접 경험하며 사는 것과 어찌 비교할 수 있겠는가. 외부에는 위협 요소도 있지만 성장 요소도 함께 존재한다. 우물 안에 갇혀 있다가는 성장할 기회마저 잃게 된다. 자기 상태를 냉정하게 바라볼 판단 능력마저 퇴화된다.

2004년 말까지 나도 우물 안에 갇혀 지냈다. 변화 의지도 없었고 불안감도 느끼지 못했다. 하지만 우연한 기회로 우물 밖 세상을 보고 '의문(?)'을 갖게 되면서 의심 반 호기심 반 같은 게 생겼던 것 같다. 사람을 만나건 책을 읽건 한 번 더 생각해보고 다른 시각으로 바라보기 시작했다. 그러자 나 자신과의 대화가 점점 늘어났고, 어색함에서 친숙함으로 이어 즐거움으로 바뀌기 시작했다.

처음에는 바깥세상에서 본 낯설고 생소한 것들은 제대로 이해하지 못했다. 이를 테면 어항 속 물고기가 어항 안에서 늘 밖을 바라보고 지내다가 막상 어항 밖으로 나와 직접 세상과 부딪쳤을 때 느끼는 불안, 낯섦, 공포와 비슷하다고 할까.

꾸준히 마음속에 의문을 품은 채 접근하고 경험하기를 반복하면서 나의 무지와 어리석음이 조금씩 깨지기 시작했다. 그런 식으로 나는 관심사를 넓혀갔다. 즉, 'ㅡㅡㅡㅡㅡ' 형태의 세상을 경험했다. 이어 이들 가운데 관심 가는 분야를 좀더 깊이(丨) 알아갔다. 그 결과 'T'형태가 만들어졌다.

내가 성장하는 책 읽기

책을 읽으며 세상을 알아가다 보면 결국 세상의 모든 것은 별개의 것이 아니라 서로 연결돼 있다는 것을 알게 된다. 관심사를 좇아 T를 만들다 보면 다른 관심사가 생길 때가 온다. 다시 깊이 읽기. 그 과정을 반복하다 보면 T가 여러 개 만들어진다(TTTTT).

내가 만든 T는 행복, 마음 관리, 인생, 꿈, 삶과 죽음, 부자 사고, 영어 공부, 여행, 식물 키우기…… 등이었다. 이런 식으로 T 형태가 여러 개 만들어진 것을 일단 'H' 형태로 잡았다. 그리고 H가 여러 개 만들어지면 내 안에 쌓인 지식과 지혜 들이 별개로 분리된 채 있지 않고 서로 섞이면서 응용이 진행된다. 'X' 형태가 이뤄지는 것이다.

그 상태에서 그간의 경험과 생각을 바탕으로 지식들을 사용하고 사색하다 보면 나만의 깨달음과 창조적인 발상이 일어나기 시작한다. 이것이 바로 나를 성장시키는 책 읽기, 즉 'THX 독서법'이다. 이때 중요한 것은 지식이나 취미를 위한 책 읽기가 아니라 삶을 변화시키고 무지를 더 깨달아가는 독서를 해야 한다는 점이다.

이론상 그리고 예측상, 위 개념을 바탕으로 300권 정도를 읽으면

◆ **THX 독서법**

1 ─── 형태 만들기:
   분야별 5권 이상씩 10분야 이상 읽기
2 T 형태 만들기:
   전문화를 위해 10~20권 이상 읽기
3 HX 형태 만들기:
   T를 다섯 분야 이상 만들기

THX 독서법을 파악할 수 있을 것 같지만 내 경험으로는 1,000권 정도 읽었을 때 가시적인 성과가 나타나기 시작했다. 나는 혼자서 고전한 경우고, 도움을 받는다면 더 빨리 변화를 체감할 수 있을 것이다.

이 독서법을 통해 얻을 수 있는 가장 큰 배움 중 하나는 '아는 것을 안다 말하고 모르는 것을 모른다 말할 수 있는 것'—《논어》에 나오는 문장—이겠다. 대개 자신의 무지를 깨닫지 못한 사람들은 '그거 대충은 알겠는데' '조금은 알겠는데' 이런 말을 많이 한다. 모를 때는 모른다는 것을 인정해야 제대로 알 수 있는데, 무지를 인정하기 싫어하니 진정한 배움을 얻기 어려워지는 것이다. 진정한 배움이 이뤄질 때 진정한 자신감이 생긴다. 스스로에 대한 확신이 없어 도전하지 못하고 주저했던 사람들도 앞으로는 책 읽기를 통해 쌓은 지식과 지혜를 발판 삼아 과감하게 도전해 경험을 쌓으며 인생을 즐길 수 있을 것이다.

여기 두 사람이 있다. 한 사람은 1년에 열 권 미만을 읽고 일상을 텔레비전을 보거나 비슷한 친구들과 대화하며 보낸다. 다른 사람은 1년에 시간 관리·행복·부자 사고·마음 관리·전공 분야·아름다운 인물 등 각각의 책을 스무 권씩 읽고 책의 내용에 대해 끊임없이 사색하며 깨달은 바를 자기 삶에 적용한다. 두 사람의 미래는 어떠할까. 결과는 굳이 말하지 않아도 알 것이다.

책 읽는 습관

> "반박하거나 오류를 찾아내려고 책을 읽지 말고
> 이야기와 담화를 찾아내려고도 읽지 말며
> 단지 숙고하고 고려하기 위하여 읽어라."
> ― 프랜시스 베이컨 ―

습관의 중요성은 누구나 잘 알 것이다. 하지만 좋은 습관을 갖기는 참 힘들다. 왜 그럴까? 이유야 여러 가지가 있겠지만, 앞에서 언급한 '생각-행동-습관-성격-인생'이라는 정리를 적용해보면, 습관이 바뀌려면 행동이 반복돼야 하고 행동이 반복되려면 생각이 바뀌어야 한다는 결론이 나온다.

그렇다면 생각이 잘 바뀔까? 그렇지 않다. 내 생각이 옳다고 우물 안에 갇혀 있으면 절대 바뀌지 않는다. 책을 읽거나 강의를 듣거나 명언을 봐도 그것을 통해 나 자신에 대해 생각해보는 단계―책은 마음의 거울―를 적용하지 못하면 또 다시 그냥 비판하거나 보기만 하는 행위에 그쳐 생각이 바뀌지 않는다.

책은 마음의 거울

나만 해도 죽음 가까이까지 갔던 투병기, 사람들의 무시, 가난과 힘없는 현실에 절망스러웠지만 조금만 방심하면 노력을 게을리 하고 긴장이 풀리는 나 자신을 보고 수없이 당황하고 실망하곤 했다. '과거를 잊는 자는 과거 속에 살기 마련이다'라는 문구를 본 뒤로는 긴장이 느슨해질 때마다 원인과 해결책을 적고 자꾸 들여다보았다.

그리고 동기부여가 될 만한 거리를 찾기 시작했다. '나 때문에 고생하신 부모님과 우리 집이 힘들 때 도와주신 고마운 분들을 위해 열심히 하겠다'와 같은 긍정적인 생각도 했고, 내가 좀 모자라다고 무시했던 많은 사람들에 대한 분노를 동기부여로 활용하기도 했다.

이마저도 적어놓고 보다 보면 익숙해지기 마련이다. 계속 경계하면서 새로운 동기부여 거리를 찾았다. '책은 마음의 거울'이라는 내가 받은 선물을 계속 되새기며, 동기부여 문구들을 '보기'만 하는 실수를 하지 않으려 계속 노력했다.

한편으로는 노력할 수밖에 없는 시스템을 계속 만들었다. 영어를 잘 못하면서 영어를 가르친 것도, 새로운 사람들을 계속 만나고 나보다 무엇이든 하나라도 잘난 점이 있다면 연락해 만난 것도 시스템의 일환이었다. 늘 똑같은 일상을 반복하고 편한 친구들, 익숙한 사람들만 만나면 냉정하게 나를 돌아보기 어렵고 마음이 해이해지게 마련이다. 노력할 수밖에 없는 시스템을 만드는 첫 작업을 하지 않는 것은 그 자체로 습관을 만들겠다는 의지가 없음을 뜻하는 게 아닐까.

다시 강조한다. 지금까지 읽으면서 '뻔한 소리네. 실천이 어렵지'라고 생각했다면 앞에서 계속 경계하라고 당부했던 거울만 바라보며 비판하는 실수를 반복하고 있는 것이다.

지금부터는 성장을 위한 책 읽기 시스템을 습관화하는 데 도움이 되는 몇 가지 방법을 소개하겠다. 이것 역시 내가 효과를 확인했고 지금도 시도 중인 방법들이다.

아침 독서와 저녁 독서의 효과

몇 년 전만 해도 하루 종일 할 일이 아무것도 없었다. 잠에서 깨어 눈을 뜨면 아침부터 '무엇을 해야 하지? 오늘은 뭘 하며 보내지?'라는 생각을 가장 먼저 했다. 효율적으로 시간을 관리하기까지 시행착오를 많이 했다. 《아침형 인간》을 읽고 자극받아 2005년부터 3년 정도를 일찍 일어나려고 노력했다. 하지만 계획대로 되는 날은 매우 드물었다. 정해놓은 시각보다 늦게 일어날 때마다 자책하고 스스로에게 실망했다. 새벽에 일어나는 것 자체가 어려웠다. 그리고 일어나봤자 할 일도 없었기 때문에 실천하기가 더 어려웠다.

'아침형 인간이 되는 게 힘들다면, 차라리 깨어 있을 때 중요한 일부

터 잘하자!'

나에게 맞지도 않는 습관을 만들려고 아등바등하기보다 내게 꼭 맞는 방식을 찾는 게 더 중요하겠다는 생각이 들어 계획을 수정했다. 늦게 일어났다고 짜증내고 자책할 시간에 새 하루를 시작했음을 감사하고 책을 읽고 하루를 계획하는 게 훨씬 효율적이고 상쾌했다.

새벽 기상을 포기하는 대신 오전 여덟 시나 늦어도 아홉 시 전까지는 반드시 일어나려고 노력했다. 그리고 책을 읽었다. 처음에는 집중하기가 어려워 고전했다. 그럴 때마다 수첩에 써놓은 동기부여 문구들을 보며 각오를 되새겼다. 독서 시간도 조금씩 늘려나갔다.

하지만 어느 순간 집중력이 떨어지고 있는 것을 발견했다. 한 시간이 넘게 책을 읽었지만 잡생각을 많이 해 책의 내용을 거의 기억하지 못했다. 그래서 계획을 수정해 잠시 산책을 하거나 운동을 하고 돌아와 다시 책을 읽었다(잠시 쉬는 방법에는 여러 가지가 있겠지만 최악은 텔레비전을 보거나 잡담을 하는 것이다. 불필요한 정보가 들어와 산만해진다). 그럼에도 시간이 지나자 책에 집중하는 데 약간 시간이 걸렸다.

다시 계획을 수정해 이번에는 책을 여러 권 쌓아놓고 읽었다. 대개 15~20분 정도 지나면 머리가 지치기 시작한다. 그러면 다른 책으로 '갈아탄다.' 역사책을 읽다가 패션 관련 책을 읽고, 다시 자기계발서를 읽는 식이다. 처음에는 산만해서 집중하기가 더 힘들었지만 적응하니 머리에 자극을 줘 집중력이 더 높아졌다.

한 권을 집중해 읽는 데 약 15분쯤으로 계획하지만 중간에 피로감이 느껴지면 고민 없이 갈아타도 된다. 재미 없는 책은 과감히 포기하는 것도 괜찮다. 이렇게 읽으면 훨씬 많은 책을 효율적으로 읽을 수 있다. 이런 방식을 집중력을 높이고 시간 관리를 하는 데 적용했더니 꽤 효과 있었다. 책을 여러 권 읽다가 그마저도 피곤해지면 운동을 하고 그림을 보고 또 영어 공부를 했다. 영어 공부도 책 읽기와 마찬가지로 원서를 읽다 말하기를 연습하고, 이어 영화를 보며 듣기를 훈련하는 등 방법을 계속 바꿔가며 긴장감과 집중력을 유지했다. 그러다 다시 책을 읽었다.

내가 실천한 방법들은 나에게 유익하면서 또 내가 좋아하는 것들이다. 이렇게 지내니 사람들이 "피곤하지도 않니? 하루 종일 뭘 그렇게 열심히 하니?"라고 물었다. 나는 단지 좋아하고 유익한 일들을 열심히 즐긴 것뿐인데 말이다. 하루 종일 할 일이 없어 무료해하던 내게 그야말로 엄청난 변화였다. 이런 변화는 내 성장과 자신감에 크게 도움이 됐음은 물론이다.

아침 독서는 어느 정도 습관화됐지만 밤이면 잠들기 전까지 인터넷을 하는 등 시간을 허비했다. '자기 전에도 책을 읽어볼까?' 싶어 주로 하루를 반성하고 인생에 대해 생각해볼 수 있는 책을 읽었다. 잠들기 전은 하루의 정리가 필요한 매우 중요한 시간이다. 인터넷을 하거나 친구와 잡담을 하며 보내기에는 너무 귀한 시간이다. 물론 이것도 책을 읽고 나서야 깨달았다.

셰익스피어는 '우리가 가장 쉽게 잊는 사실은 우리는 죽는다는 것이다'고 말했다. 언젠가 죽는다는 사실을 분명히 인식해야 인생의 소중함을 알게 되고, 목표를 분명히 하고, 꿈을 찾게 된다. 죽는다는 것을 인식하지 못하기 때문에 일을 자꾸 미루고, 꿈을 미루고, 원하는 것을 하지 않고 사는 것이다.

내 인생 '최초의 멘토' 한의사 형의 스승은 아침에 일어날 때마다 "오늘도 태어나서 감사하다" 하시고, 밤에 주무실 때 "오늘도 죽으러 간다" 하셨다고 했다. 이처럼 삶을 진지하게 대하는 태도가 인생을 의미 있게 만든다.

간디의 말을 음미해봤으면 좋겠다.

'평생 살 것처럼 공부하고, 내일 죽을 것처럼 살아라.'

나눠 읽기와 갈아타기

책을 읽으라고 하면 전쟁을 치르기라도 하듯 엄청난 속도로 '보고' 마지막 책장을 덮은 뒤 "다 읽었다!"고 말하는 경우를 심심찮게 본다. 패키지 여행을 하는 것도 아니고 이래서는 진짜 읽었다고 말하기 힘들고, 당연히 성장도 기대하기 어렵다. 이런 식으로 책을 읽으면서 "책은 현실이랑 달라. 책을 봐도 변하는 건 없던걸" 하고 볼멘소리해서는 안 된다. 거듭 말하지만 책을 읽는 진짜 목적은 책에서 와 닿은 좋은 내용을 실천하는 것이다.

　책을 한꺼번에 모두 읽지 말고 기간을 정해 나눠 읽으면 좋다. 예컨대 한 권이 280쪽인 책을 일주일 동안 읽기로 하고 하루에 40쪽씩 읽는 식이다. 아침에 정한 분량을 읽고 그 내용을 오늘 어떻게 적용할지 잠시 상상해보는 것이다. 그리고 자기 전에 오늘 내가 배운 내용을 잘 적용했는지, 그리고 반성할 점이나 조금 다르게 적용해볼 점은 없는지 생각해보고 메모해두면 완벽할 수 있겠다.

　아침에 책을 읽는 것이 부담스럽다면 명언집으로 시작하는 것도 좋겠다. 몇 페이지만 읽고 와 닿는 문구를 가슴에 새긴 채 하루를 시작하면 된다.

저자가 직접 책을 읽어준다?

저자가 내 앞에서 직접 설명해준다고 생각하면서 책을 읽으면 훨씬 내용이 잘 흡수된다. 얼굴 한 번 본 적 없는 낯선 사람이 정리한 글을 눈으로 좇는 것과 각 분야 전문가가 오직 나하고만 대화를 나눈다고 생각하는 것은 질적으로 차이가 난다. 책 읽을 때의 자세, 마음가짐도 다를 수밖에 없다.

　한 예로 재테크·스피치·커뮤니케이션 같은 실용서적을 읽는다고 생각해보자. 보통은 1만 원짜리 물건(책)에 적힌 정보들을 얻기 위해 열심히 눈으로 보는 정도쯤 된다. 그나마도 제대로 집중하지 않고 띄엄띄엄 건너뛰며 읽는 경우가 많다. 그런데 각 분야 전문가가 나에게 직접 책의 내용을 설명해준다면 집중도도 달라지고, 질문거리가 많아지며, 주요 내용은 반드시 기억하게 될 것이다. 실용서적도 이 정도인데 시대의 스승이라고 부르는 대가들의 책을 이렇게 읽었을 때는 세상을 다 얻은 듯 벅찬 감격과 큰 깨달음을 얻지 않겠는가.

평소 만나기 힘든 전문가에게 상세한 설명을 잘 정리된 형태로 접하는 유익한 경험을 하고 나면 습관화하는 데 도움이 된다.

암기의 재발견

암기라는 단어를 보는 순간부터 경직되며 거부감을 갖는 사람이 있을지 모르겠다. 하지만 내가 말하려는 암기는 학창시절 영어단어를 암기하고 국사의 연대를 암기하던 것과 다르다. 물론 공부법에서 암기의 중요성은 간과할 수 없다. 이 점은 책 읽기에서도 그대로 적용된다. 나는 암기의 긍정적 효과만 책 읽기로 빌려오려 한다.

책을 읽고 발견한 좋은 문장을 암기해 마음속에 담아두는 것은 매우 중요하다. 예컨대 'Man is what he believes(인간은 스스로 믿는 대로 된다)'를 외웠다고 하자. 그러고 나면 '이 나이에 영어를 할 수 있을까?' '하루에 한 권을 읽을 수 있을까?' '그 사업에 도전해 성공할 수 있을

"평생 살 것처럼 공부하고, 내일 죽을 것처럼 살아라."
간디의 말만 성실하게 실천해도 후회하지 않을 삶을 보장받으리라.

까?' 같은 부정적인 생각들이 불쑥불쑥 고개를 치켜들 때마다 암기해뒀던 영어 문장 'Man is what he believes'가 생각나면서 맞서 싸워 이길 수 있는 '정신적 무기'가 돼준다.

정신적 무기라는 글자가 안 보일 정도로 밑줄을 그어 강조하고 싶다. 무기 없이 매일 하루를 시작하는 사람이 어떻게 승리하겠는가? 그러므로 책을 읽을 때 정신을 더 집중해 한 문장 한 문장을 모두 마음에 담겠다는 각오를 다지면 좋다.

암기의 중요성은 성공한 사람들의 책 읽기에서도 자주 나타난다. 여기서 중요한 것은 암기를 위한 암기가 아니란 점이다. 나를 긍정적으로 변화시키고 성장시키고 싶은 마음, 배우려는 마음, 그래서 나와 내 가족, 나아가 보다 많은 사람들을 위하는 마음이 커질수록 좋은 문장을 봤을 때 감동이 커지고 반복해서 보게 된다. 그러면 암기는 더욱 잘 이뤄진다. 그 마음이 커지는 방법은 물론 경험이다.

다시 읽기와 넘어서기

마지막으로 정말 강조하고 싶은 책 읽기의 중요한 방법의 하나는 '다시 읽기'다. 반복해 읽기의 중요성을 깨닫지 못했다면 단언하건대 지금의 나는 존재할 수 없었다. 여전히 원망과 불평으로 시간을 허비하면서 나이 들고 있었을 것이다.

책을 여러 번 읽어야 하는 이유는 앞에서 설명했다. 그렇다면 얼마나 반복해서 읽어야 할까? 책이 좋았다면 계속 읽어도 되겠지만 여기서는 삶을 바꾸는 실천 독서법의 관점으로 접근하겠다. 반복해 읽으며 좋은 점, 실천할 점, 배울 점을 찾아낸다. 당연히 밑줄을 긋거나 따로 적어두고 암기하면 좋다. 실천 사항을 행동으로 옮겨보면 성공 혹은 시행착오의 결과가 나올 것이다(실패는 도중에 멈추는 사람의 것이다). 성공적인 결과가 나오지 않았다면 다시 책을 읽으면서 어떤 점이 부족했고, 어떻게 보완하면 될지 되짚어본다. 그런 식으로 책에 나오는 내용을 다 실천하고, 책에서 느낀 에너지를 뛰어넘을 때까지 읽으면 된다.

책은 단순히 '보고' 덮는 것이 아니다. 저자의 생각을 읽고 그것을 실천하고 더 노력하다보면 정말로 책에서 말하는 수준을 뛰어넘는 순간이 온다. 그때는 그만 읽고 더 높은 수준으로 나아가면 된다.

만약 '이런 내용쯤은 다 알아'라고 생각해 실천하지 않고 있다면 깨달음이 있을 때까지 반복해 읽기를 권한다. 예컨대 《읽어야 산다》 이 책을 읽으면서는 포기하지 않기, 도전, 집중력, 감사, 생각의 중요성, 무지 깨닫기 등을 확인했을 것이다. 수줍음 많고 내성적이던 한 소년의 도전과 노력이 이 책을 읽는 분들께 도움이 되길 간절히 바란다.

독서 토론 체험

마지막으로 독서 모임을 예로 들어 바람직한 책 읽기 방법을 정리하겠다. 독서 모임 자체는 이미 많이 활성화돼 있다. 지역 커뮤니티나 도서관 등을 중심으로 운영되는 독서 '토론'들이 그것이다. 책을 읽는 것도, 서로의 의견을 나누는 것은 좋은데 다만 거기까지인 것이 아쉽다. 성장을 위한 책 읽기는 실천이 병행돼야 하기 때문이다. 기존 독서 모임의 토론 현장을 직접 들여다보자.

진행자 이번 주에 읽은 책은 《갈매기의 꿈》이었습니다. 각자 책을 읽고 느낀 점을 말해볼까요.

참가자 1 앞부분을 보면 조나단이 계속 어떤 목표를 가지고 노력하는 과정이 나옵니다. 그것 때문에 부모와 마찰이 생기죠. 부모는 "이렇게 나는 일도 좋지만, 나는 것으로 먹고 살 수는 없잖니? 네가 나는 이유는 먹기 위해서라는 걸 잊었니?"라고 말합니다. 그러자 조나단은 며칠간 꿈을 접고 다른 갈매기들처럼 먹이를 찾으며 지냅니다. 그런데 사실 저는 이렇게 사는 것도 나쁘지 않다고 봐요. 책에서 나오는 이상을 적용하기엔 현실이라는 벽이 있잖아요?

참가자 2 저는 다르게 생각해요. 여러 가지 현실적인 문제가 있음에도 불구하고 꿈을 갖고 목표를 향해 살아가는 게 중요하다는 걸 깨달았어요. 저도 조나단의 노력을 보면서 다시 한 번 제 꿈을 향해 도전해보고 싶어졌어요.

참가자 3 저는 이 책이 소설이라는 점을 감안해도 허무맹랑하다고 생각해요. 읽는 데 몰입이 안 됐어요. 갈매기가 서로 대화하는 정도야 봐주겠는데, 무슨 제트기도 아니고 어떻게 새가 음속을 돌파합니까? 뒷부분에서는 갈매기가 아예 순간이동을 하지 않나. 짜증이 나서 못 읽겠더라고요. 다음에는 감수성을 건드려줄 책으로 읽었으면 합니다.

얼추 이런 식이다. 참가자 1은 작가의 의도나 책에서 말하려는 장점은 놓치고 단지 보고 싶은 대로 보고, 받아들이고 싶은 내용만 받아들인다. 참가자 2는 조금 낫다고 생각할 수 있으나 생각만으로는 삶이 변화하지 않는다. 깨달았으면 반드시 삶에 적용해 실천해보고 실제로 어떤 변화가 일어나는지 직접 경험해보는 것이 중요하다. 참가자 3은 아예 책의 내용을 비판한다. 비판하며 읽는 것이야 독자의 자유지만 역시 성장에는 전혀 도움이 안 된다.

"비판하는 건 자유잖아요?" "꼭 성장해야 돼요?" "난 이래라 저래라 하는 책은 싫더라"고 말하는 사람들이 많다. 비판하는 것은 자기 마음이지만 내가 말하고 싶은 핵심은 아무에게도 도움이 안 된다는 사실이다.

성장해야 하는 이유는 보람 있고 즐겁기 때문이라 대답하고 싶다. 매일매일, 그리고 죽을 때까지 같은 문제로 고민하고 반복되는 삶을 산다면 재미없고 보람도 없지 않을까? 왜 사는지 목표를 찾았다면 성장을 위해 노력하게 된다. 거창한 목표가 없더라도 최소한 어제보다 덜 화내고, 조금 더 웃는다면 좋지 않겠는가. 그러려면 마음 관리를 해야 하고, 책이 도움이 되기 때문이다.

'이래라저래라 하는 책'이 싫다는 경우는 대부분 무지가 깨지지 않은 경우다. 전날 나도 그랬다. 자기가 잘난 줄 알기 때문에 남의 말 듣기를 정말 싫어한다. 무지를 깨지 못한 분들께 도움이 될 것 같은 문장 둘을 소개하겠다.

"자신에게 명령하지 못하면 남에게 명령받아야 한다."

"지금 이대로 살아가도 언젠가는 잘될 거라는 자존심이 우리의 미래를 망친다."

독서 모임은 '실천할 것'이 아닌 '실천한 것'을 나누는 자리여야 한다. 처음에 진행자가 방향을 잘 잡아주는 게 중요하다. 《명심보감》을 읽고 모였다고 예를 들어보자.

진행자 이번 주는 《명심보감》 1장부터 10장까지 읽고 실천한 내용을 나눠봅시다. 모두들 아시죠? 실천한 내용을 나눠주시면 되겠습니다.

참가자 1 4장에 보면 "부모님이 살아계실 때는 멀리 나가 놀지 말고, 놀러 가더라도 반드시 가는 곳을 말씀드려야 한다"라고 나옵니다. 저는 이 문장이 크게 와 닿았어요. 저는 외출하면 부모님께 연락을 진짜 안 하거든요. 그래서 이번 주에는 외식하거나 데이트 중에도 종종 부모님께 문자 메시지나 전화로 연락을 드렸어요. 부모님이 요즘 건강해 보이셔서 행복하다고도 말씀드렸더니 무척 좋아하시더라고요.

참가자 2 저는 5장에 있는 구절이 좋았어요. "귀로는 남의 그릇됨을 듣지 않고 눈으로는 남의 단점을 보지 않아야 군자라고 할 수 있다." 사실 제가 그동안 상사의 흉을 자주 봤거든요. 쉴 때마다 담배 한 대 피면서 동료들이랑 흉을 봤어요. 그런데 이 내용을 보고는 반성했어요. 사실 흉을 봐도 그때뿐이지 기분이 좋아지는 것 같지도 않고요. 그래서 이후로는 상사가 좀 미운 짓을 해도 신경 안 썼습니다. 사실 누구나 단점은 있잖아요. 그렇게 하니 오히려 저에 대해 더 반성할 부분도 생각하게 돼 좋았어요.

참가자 3 저는 8장이 좋았어요. 특히 "한순간의 분노를 꾹 눌러 참으면 백 날 동안의 근심을 면하리라"는 문장이요. 제가 욱하는 성격 때문에 종종 문제를 일으키거든요. 어제도 여자친구한테 화를 내서 결국 여자친구가 울면서 돌아갔어요. 앞으로는 욱하지 않으려고요.

앞의 두 참가자가 바람직한 사례이고, 참가자 3은 미흡하다. 진행자가 바로잡아줘야 한다.

진행자 참가자 3께서 한 것은 다짐이죠. 다음부터는 그렇게 해서 실천한 결과를 나눠주시면 더 좋겠어요. 사실 저도 처음에는 맨날 다짐만 말했거든요. 몇 번 시도해보시면 착오 없이 잘하실 겁니다. 읽고 생각하고 실제로 체험해 삶의 변화 이끌어내기. 이 3단계를 반드시 기억해주세요.

지금까지 수고하셨습니다. 다음 시간에는 《읽어야 산다》를 읽고 서로 실천한 이야기를 나눠보기로 해요. 어떤 실천담들이 나올지 벌써 기대됩니다. 그럼, 안녕히 돌아가세요. 감사합니다.

— 삶을 바꾸는 실천 독서법을 배우고 싶은 분들께

멘티 지원자나 성장하는 책 읽기가 궁금한 분들을 위해 여러 모임을 운영 중이다. 네이버 카페 '꿈행부기(꿈꾸는 행복한 부자 되기)'를 검색하면 모임에 참여할 수 있다. 무료나 봉사 형식의 모임도 많이 준비돼 있으니 부담 없이 들러보시길 권한다.

책, 닫다

읽어야 산다

처음 원고를 시작하면서는 스스로도 '가능한 일일까?' 의심스러웠지만 어느새 책을 마무리하는 글을 쓴다. 내 이야기를 이토록 장황하고 세세하게 풀어낸 게 이 책이 처음이다. 물론 내 이야기만 늘어놓는 책을 쓰려 했다면 애초에 시작하지 않았을지 모른다.

이 책을 통해 내가 소통하고 싶은 메시지는 '나를 비우고 열린 마음으로 책을 읽고 실천하자'는 것이다. 내가 대단한 성공을 거둔 것도 아니고 여전히 성장하는 과정에 있어서 거창한 성공 스토리를 자랑할 입장은 못 된다. 다만 부족한 상태에서나마 과감하게 도전하며 쉬지 않고 달려온 경험과 고난과 투병을 견딘 의지, 그 과정에서 내 운명을 바꾼 책 읽기의 노하우를 듣고 싶어 하는 사람들이 있어 이야기를 하다 보니 여기까지 이르렀다.

나는 깨달은 이후에 계속 그래왔듯 완벽한 상태인 '100'을 완성할 때까지 기다리지 않고 부족하나마 내가 가진 '20'으로 '0'을 가진 사람들을 섬기기 위해 이 책을 썼다. '0'을 가진 사람들 중 상당수가 '100'을 가진 사람만 바라보고 '20'을 가진 사람은 무시하고 비평한다는 것을 잘 안다. 나도 수없이 겪었다. 그럼에도 열 명 중 한 명에게라도 긍정적인 변화를 줄 수 있다면 그것만으로도 정말 보람되기에 계속 도전한다. 다만 책 읽기에 대해서라면 함께 나눌 이야기가 있겠다 싶어 포기하지 않았고, 지금은 여기까지 왔다.

결국 하고 싶은 이야기는, 읽어야 산다! 숨 쉬고 산다(survive)고 해서 다 같은 삶(live)일 수 없다. 어항 속 금붕어가 정말 '사는' 것이라고 하기는 어렵지 않을까? 중요한 것은 삶의 내용이다. 내 삶의 내용이 그나마 채워진 것도 책을 읽으면서부터다. 아무런 희망도 보이지 않던 삶에 운명같이 다가와준 책이 없었다면 지금도 우물 안에 갇혀 좁은 하늘만 바라보면서 그게 세상의 전부라고 알며 자족하고 살았을 게 분명하다. 그 우물이 내가 스스로 나를 가둔 감옥인 줄도 모른 채 말이다.

어려서는 친구들에게 자랑하는 재미로 책을 봤다. 솔직히 그런 독서는 읽는 행위라고 할 수 없다. 글자를 보는 수준에 불과하다. 또래들이 모르는 어려운 단어, 상식 몇 가지를 발견하고 우쭐대며 친구들 앞에서 자랑삼아 떠벌리는 게 고작이었으니 책을 읽었다고 말할 수 없다.

투병기를 간신히 지나 우연히 집어든 책을 읽고 관심을 갖기 시작했지만 당시도 주체할 수 없이 무료한 시간 때우기나 조금 더 지나서는 겉멋에서 책을 보는 수준이었지 책 읽기의 중요성을 몰랐다. 진정한 책 읽기를 실천하고 나서야 내가 잘난 줄 알고 있던 어리석음이 깨지기 시작했다. 내가 알고 있는 게 최고이고, 내 생각만 옳다는 고집이 깨지기 시작했다. 내 생각이 틀릴 수 있고, 다른 사람의 생각이 맞을 수 있다 생각하기 시작했으며 수용할 수 있게 됐다. 비로소 나의 부족함과 연약함을 이해하고 인정하게 됐다.

책은 나를 무참히 쓰러뜨렸지만 곧 다시 일으켜 세웠다. 그리고 내 삶의 방향을 결정한 문구들을 하나씩 보여주면서 나를 여기까지 인도했다. 쉽지 않은 과정이었지만 수고하는 만큼 보상이 따라 나는 과감히 책속으로 나를 던졌다. 그 결과 편견이 깨졌고, 자신감이 생겼고, 경쟁력 있는 실력이 쌓였고, 미래 가능성을 발견했다. 성격마저 바뀐 나를 보며 부모님조차 놀랄 정도니 내가 많이 바뀐 것은 사실인 듯하다. 나만 보면 "답답해 죽겠다" 하시던 부모님이 이제는 내 생각만 하면 행복하시다며 미소 짓는다. 어머니는 인터넷에서 나에 대한 짧은 글 하나만 봐도 자랑하고 좋아한다. 덕분에 내가 감사하고 행복하다.

하지만 솔직히 말하자면 이 같은 변화가 순전히 내 의지와 노력만으로 이뤄졌다고 주장할 자신은 없다. 나 잘난 줄 알고 내 힘으로 다 해보겠다며 정신 못 차릴 때, 건강과 재정 문제로 고통의 극한까지 갔을 때, 그 상황에서 어쩔 수 없이 나를 내려놓고 손들었을 때 부모님을 비롯한 책에서 만난 많은 선지자들, 저자들, 그밖에 많은 분들이 도와주었다. 감사하다는 인사로는 모자라다. 더 성장하는 모습으로 차차 갚아나가겠다.

대문호 괴테도 "책 읽는 방법을 배우기 위해 80년을 바쳤다. 그럼에도 부족하다"고 했다. 책에 제대로 미쳐본 사람은 안다. 책만큼 어렵고 매력적이고 자극적인 삶의 원동력은 없다. 책을 어떻게 읽고, 어떻게 사색하고, 어떻게 실천하느냐에 따라 이후 삶의 지형이 완전히 달라진다.

세상은 넓고 읽을 책은 많다. 내가 읽은 책이 내가 만난 세상의 크기라고 생각할 때마다 책 욕심이 커진다. 그래서 나는 멈출 수가 없다. 오늘도 읽는다, 고로 산다. 그리고 지금도 나는 성장 중이다.

"내가 아는 단 한 가지 사실은
나는 아무것도 모른다는 것이다."

― 소크라테스 ―

읽어야 산다

초판 1쇄 발행 2012년 11월 16일
초판 8쇄 발행 2021년 2월 5일

지은이 | 정회일

발행인 | 박재호
편집팀 | 고아라, 홍다휘, 강혜진
마케팅팀 | 김용범, 권유정
총무팀 | 김명숙

디자인 | 석운디자인
종이 | 세종페이퍼
인쇄 · 제본 | 한영문화사

발행처 | 생각정원
출판신고 | 제25100-2011-000320호
주소 | 서울시 마포구 양화로 156 (동교동) LG팰리스 814호
전화 | 02-334-7932 **팩스** | 02-334-7933
전자우편 | 3347932@gmail.com

ⓒ 정회일 2012

ISBN 978-89-967929-6-3 (03320)

이 도서의 국립중앙도서관 출판예정도서목록(CIP)은 서지정보유통지원시스템 홈페이지(http://seoji.nl.go.kr)와 국가자료종합목록 구축시스템(http://kolis-net.nl.go.kr)에서 이용하실 수 있습니다.(CIP제어번호: CIP2012005117)

- 이 책은 저작권법에 따라 보호받는 저작물이므로 무단 전재와 복제를 금지합니다. 책의 일부 또는 전부를 이용하려면 저작권자와 생각정원의 동의를 받아야합니다.
- 잘못된 책은 구입하신 곳에서 바꿔드리며, 책값은 뒤표지에 있습니다.

정회일 작가님과 함께하는
'세상에서 가장 아름다운 동행'

《읽어야 산다》의 저자 정회일 작가는 우물 100개 프로젝트를 통해 전 세계의 물이 없어 고통받는 사람들에게 꿈과 희망을 전해주고 있다.

서울시 강서구 가양동
1488-5번지 기아대책3층 서울남부지역본부
정회일 프로젝트 담당자 앞

후원자가 되어주세요

후원자 정보 (필수항목)

이름		주민등록번호	
연락처 (휴대폰)		(전화)	
주소			
이메일 (선택항목)		* 소식지 수령 ☐ 우편 ☐ 이메일 ☐ 받지않음	

후원 내용

- 해외아동결연 월 3만원 ☐ 명 　　에이즈 아동결연 월 6만원 ☐ 명
- 국내아동결연 월 6만원 ☐ 명 　　(기타) ☐ 월 4만원 ☐ 월 2만원 ☐
- 북한아동결연 월 2만원 ☐ 명 　　(기타) ☐ 월 1만원 ☐
- 사업후원 ☐ 해외 ☐ 국내 ☐ 북한   월　　　　　　원

후원 방법

☐ **CMS 자동이체** 자동이체를 신청하시면 지로발송비 (한통에 250원, 연간 3천원)를 절약할 수 있습니다

은행명		계좌번호	
예금주명		예금주 주민등록번호	

이체일 5일 ☐ 10일 ☐ 20일 ☐ 25일 ☐

☐ 지로 　☐ 신용카드 신용카드 결제시 기아대책 홈페이지 (www.kfhi.or.kr)에서 가능

가족 후원

이름/ 관계	결연후원		사업후원	
	해외/ 국내/ 북한	명	해외/ 국내/ 북한	원
	해외/ 국내/ 북한	명	해외/ 국내/ 북한	원
	해외/ 국내/ 북한	명	해외/ 국내/ 북한	원

후원문의 02.544.9544 / sponsor@kfhi.or.kr

개인정보 수집 · 활용 동의서

개인정보의 수집 및 이용목적	[개인정보 수집항목] (필수항목) 이름, 주민등록번호, 연락처, 주소, 만 14세 미만은 법정대리인 정보 (자동이체시 은행명, 계좌번호, 예금주명, 예금주 주민등록번호, 이체일) (선택항목) 이메일	[개인정보 이용목적] -후원금 결제 및 후원회원 서비스 제공에 관한 계약 -회원관리 -신규 서비스 개발 및 마케팅, 광고에의 활용
개인정보의 보유 및 이용기간	-기관은 수집된 후원자의 개인정보를 법정기간(5년) 동안만 보유하며 그 이후는 DB에서 삭제하고 있습니다 -정보제공자가 개인정보 삭제를 요청할 경우 즉시 삭제합니다 단, 타 법령의 규정에 의해 보유하도록 한 기간동안은 보관할 수 있습니다	
개인정보 제공 거부 권리 및 동의 거부 따른 불이익 내용	귀하는 개인정보 제공 동의를 거부할 권리가 있으며, 거부에 따른 불이익은 없음	

· 개인정보 제공자가 동의한 내용외의 다른 목적으로 활용되지 않으며, 제공된 개인정보의 이용을 거부하고자 할 때에는 개인정보 관리책임자를 통해 열람, 정정, 삭제를 요구할 수 있습니다
· [개인정보보호법] 등 관련 법규에 의거하여 상기 본인은 위와 같이 개인정보 수집 및 활용에 동의함

* 만 14세 미만 후원자인 경우 반드시 법적대리인의 동의가 필요합니다

법정대리인 성명	(인)		201 년 월 일
법정대리인 연락처		법정대리인과의 관계	이름　　　　　　(인)